摩托车的使用与维修

主　编　孟庆轩
编著者　鲁东明　魏　炜　林　菲
　　　　陈晓兵　刘晓勇　王汉勋

中国社会出版社

图书在版编目(CIP)数据

摩托车的使用与维修/孟庆轩主编．—北京：中国社会出版社，2005.7

ISBN 978－7－5087－0627－6

Ⅰ．汽…　Ⅱ．孟…　Ⅲ．①摩托车—使用 ②摩托车—车辆修理　Ⅳ．U483

中国版本图书馆 CIP 数据核字(2005)第 076151 号

书　　名： 摩托车的使用与维修
主　　编： 孟庆轩
责任编辑： 张　承

出版发行： 中国社会出版社　邮政编码：100032
通联方法： 北京市西城区二龙路甲 33 号新龙大厦
电话：(010)66080300　(010)66083600
(010)66085300　(010)66063678
邮购部：(010)66060275　电传：(010)66051713
网　　址： www. shcbs. com. cn
经　　销： 各地新华书店

印刷装订： 北京通天印刷有限责任公司
开　　本： 140mm×203mm　1/32
印　　张： 6.5
字　　数： 160 千字
版　　次： 2005 年 7 月第 1 版
印　　次： 2012 年 10 月第 5 次印刷
定　　价： 13.00 元

前　言

摩托车作为一种方便、快捷、价格适中的交通工具，已成为农村广大青年走亲访友、进城、载货的首选。在不少农村，对青年人来说，摩托车已近乎达到人手一辆的程度。不论在进城公路上，在乡村大道上，还是在大街小巷里，随处可见到摩托车矫健的身影。

摩托车在为农村青年提供便利的同时，也随之带来不少问题。虽然农村青年几乎都会骑摩托车，但大多数人对摩托车的构造、性能、特点，以及如何正确使用、维护和检修，还只是一知半解。因此，在日常生活中，只重视使用，忽视维修，往往造成其故障迭出，经常“抛锚”；有的人更是经常带着故障出车，不仅使其过早地达到“生命”终点，造成了极大的浪费；而且更为严重的是由于超性能使用它、带故障出车，还往往会造成车毁人亡的可悲后果。

因此，在享受摩托车给生活带来便利的同时，如何更好地认识它、掌握它，使它发挥更大的效能，更长久地为人们服务，就是十分必要解决的问题。《摩托车的使用与维修》一书，以通俗易懂的语言，简明扼要地为您介绍了在日常生活中，如何对摩托车加以正确地使用、养护和维修的知识。您只要认真阅读它、应用它，相信您的爱车，一定会更好地、更长久地为您服务，成为您更好的驯服工具和亲密朋友，使您生活得更幸福、更惬意。

目　录

使 用 篇

养　护　篇

维　修　篇

保 健 篇

使　用　篇

摩托车的磨合期

机动车的发动机在新出厂或者更换主要部件以后，由于各机件配合间隙过小，接合不圆滑需要一个磨合过程，这个过程就是磨合期。摩托车的磨合期习惯上用行驶里程来衡量，一般在1000公里左右，延长磨合期，有助于发动机的使用寿命。

磨合期应注意的事项有：

1. 严禁摩托车在过度负荷下使用，即高速或大负荷运行。在磨合期内注意控制发动机转速在一定范围内，一般控制在最高转速50～60%以内，70CC以上的车时速应控制在50公里/小时。50CC以下的车时速应控制在25公里/小时内，另外不要载人运行。

2. 使用合格的汽油和润滑油非常重要。

3. 不可长途行车，并特别注意观察车的各零配件和机构紧固情况及调整间隙。

4. 观看润滑油有无消耗，消耗太大和无消耗都属于不正常。

摩托车的磨合保养有哪些项目

为避免发动机过热，在夏季（气温20摄氏度以上）每行驶10～20km，应停车散热，加速要柔和，严防猛加油门。

选择质量良好的混合油，注意曲轴箱润滑油情况，必要时更换。

经常检查各部位紧固情况，及时调整操纵机构自由行程及链条的松紧度。

磨合期为1500km，在磨合期300km、1000km要更换一次润滑油。在1500km要清洗滤清器。

正确驾驶摩托车是安全的前提

单人驾驶时，驾驶员乘坐姿势应自然，身体垂直，上身略向前，两膝微曲，两脚自然放在左右脚蹬上，握紧车把全身肌肉放松，头抬起两眼平视前方，视线在20～30m。

双人驾驶时，重心应前移，防止车辆加速或上坡时前车轮离开地面，导致转向失灵车辆摔倒，造成人身或车辆事故。乘坐人员应双手握紧扶手或紧紧抱住驾驶人员，以免车辆急转弯时被甩掉。

转弯时，驾驶员会受到离心力的作用，离心力的大小与车速的平方成正比，与转弯的半径大小成反比。因此，摩托车在转弯时要适当降低车速，重心向内倾斜，并保持与车体一致。这种人体与车体同斜的转弯姿势，为最自然、最稳定、最易掌握的驾驶方法。转弯时，乘坐人员的姿势没有严格的要求，可以向外倾，也可以向内倾，因为车辆行驶时主要靠驾驶掌握车辆平衡。

怎样练习驾驶摩托车

为了确保安全，学习驾驶摩托车，一般要从原地和场地驾驶练习后，才能转入道路驾驶，切勿在道路上学习驾驶摩托车，以免发生意外事故。学习驾驶摩托车，要先学会骑自行车，有利掌握车辆行驶的规律性，这样可以缩短练习驾驶摩托车的时间。

原地驾驶：支起摩托车的支架，驾驶员骑在摩托车上。驾驶员的姿势要正确，反复练习油门加大或减小、离合器分离或接合以及前后制动和换挡的动作，并熟悉这些动作之间先后配合的次序。在上述这些练习的基础上，可把摩托车支起，使后车轮脱离地面，启动发动机反复练习加大油门、离合、换挡、制动等动作体会这些动作的操作要领。这项练习的时间不能超过 5 分钟，以免发动机因冷却不良而过热。

场地驾驶：在原地驾驶练习的基础之上，再进行场地驾驶练习，先要练习正确启动发动机，再练习油门、离合器、变速换挡动作的配合，以达到能平稳起步。车把不来回摆动，向所指定的目标行驶，并能平稳停车。要初步掌握变换挡位的操作过程，熟悉转弯动作，正确地动用转向灯，可以向任意方向转弯。平时驾驶时，主要依靠控制速度，来减速停车。为了预防在行驶中发生特殊情况，要有意识地练习紧急制动，但必须在平坦的道路上练习，车速不得高于 20km/h。正确完成紧急制动操作的过程是，迅速减小油门，同时握下离合器握把，先制动后车轮，再制动前车轮。经过场地驾驶练习，能熟练掌握各个动作要领后，才能在道路上驾驶。

摩托车行驶中常见的几种错误认识

目前，拥有摩托车的人数呈逐年上升趋势，但是有的车主只知道骑车上路，而对维护保养的常识却一知半解，甚至根本不懂。笔者借此机会，将行车中常见的几种错误认识做一解析，供大家参考。

1. 所有的机油都一样

不少车主都以为不论什么品牌的机油都能往发动机里加，甚至还有人爱往发动机内添加机油，其目的是达到油尺标记线。表面上看这样省油，但是不同类型的发动机产热及散热程度都不一样，再加上地区的气温变化，发动机自身的新旧程度及工作负荷的差异等因素，决定着机油的型号。如果选用的机油太黏稠，会使离合器不易分离，发动机运转不良；机油太稀会使机温升高过快。

2. 先热车再上路

据笔者了解，有的摩友喜欢先将车热透再前行，有的摩友喜欢着车后立马上路。笔者不同意后一种做法，但预先的热车也不能太久，如果启动发动机在原地着车超过 2 分钟，就会造成发动机散热不良。另外，在冬季还会造成四冲程排气管内的积水无法排除，易生锈腐蚀穿孔。正确的方法是启动发动机约 30 秒便可缓慢行驶。但也不提倡猛轰油门，否则极易造成缸体内过早磨损及其他零件的干摩擦，因为冷车时机油还未充分预热并润滑工作表面。笔者建议用钻头在排气管靠近尾部的下端钻两三个眼，以排除残留在排气管内的水分。

3. 捏着离合器走车

行车时要彻底放开离合器，让离合器能充分结合，切忌用手捏着离合器，使其处于半分离状态。有人认为这样做会在遇到突发事件时制动不熄火，其实，这会使离合器磨损过快，车速降低。

4. 各种蓄电池均可加水

在正常情况下，如果发现蓄电池液面降低，可添加蒸馏水或电解液至标准高度，但目前市面上的免维护型蓄电池却不用添加蒸馏水或电解液。这是因为这种蓄电池在生产时便经过一系列的特殊工艺处理，只需补充充电，切忌添加任何液体。普通蓄电池和免维护型蓄电池最明显的识别方法就是：普通蓄电池一般为白色透明外壳，且有两条较明显的上下限标记，便于观察液面高度；免维护型蓄电池一般为多种颜色且外壳不透明，并标有注意事项。另外，普通型蓄电池在注液孔处有明显的 6 个红色或黄色塞盖，而免维护型蓄电池的注液孔却只是一张长条形压板，表面平整光滑。

5. 轮胎差不多就行

轮胎对于车子而言至关重要，可有的人却不检查轮胎的磨损和气压。轮胎磨损到极限时其承受能力会降低，极易被异物刺穿，造成爆胎。如果气压低，轮胎径向变形增大，使帘线伸张变形大，造成胎面不均匀磨损，影响行驶的稳定性，增加行驶阻力；气压过高，则会造成胎面中部过度磨损，从而降低摩托车的制动性能，夏季还会造成爆胎。所以，千万不能图省钱或省事，忽视轮胎和气压。

骑摩托车自我保护的十个基本原则

驾驶摩托车能使你达到自我飞翔的感觉，但是你有没有考虑过在你驾驶的时候给自我的一个保护呢？现在给大家十条自我保护的基本原则。

1. 选择质量上乘、适合自己的摩托车，是保证安全行车的第一步。劣质、无证、超排量摩托车容易导致交通事故的发生，不要购买。

2. 驾驶摩托车前应接受系统的培训，努力提高驾驶技能。

3. 行车前应进行安全检查，确保各个机件灵活、有效。

4. 驾驶摩托车时应穿颜色鲜艳的服装，晚间驾车宜穿用反光材料制作的衣服。因摩托车发生事故时，驾驶员头部易撞击物体或地面，因此驾驶员必须佩戴合格的安全帽，以减轻事故对驾驶员的伤害。

5. 太自信和不小心都容易导致事故的发生，因此驾驶员要保持良好的心态。

6. 严格控制摩托车行驶速度，随时注意道路及环境的变化，并采取相应的安全措施。摩托车安全行驶速度标准：城市≤50km/h，公路≤60km/h，高速公路≤90km/h。

7. 保持正确的骑乘姿势，避免不必要的疲劳，从而保证有足够的时间和精力应付突发事件。

8. 变换车道或起步时，要利用后视镜随时查看后方情况，确认安全后再起步或变换车道。无特殊情况应避免突然停车或减速，转弯时要先减速再转弯，严防在转弯过程中减速。不要从正在行驶的两排车辆中间穿越或曲线绕行。

9. 驾车前不得酗酒。

10. 避免在驾驶摩托车的过程中打手机（包括免提）。

初驾摩托车如何控制车速

开好安全车是每个驾驶员的共同愿望，但由于新驾驶员缺乏必要的行车经验，车速把握不准。即在不该快的时候快了，以至险情迭起；在不该慢的时候慢了，因而增加了耗油量。那么，怎样才能正确控制车速、安全驾驶呢？下面是笔者的一点体会，供新驾驶员朋友参考：

1. 选择好自己的安全车速。驾驶员应根据自己所驾车辆的车型及性能，通过实践摸索，选择出最适合自己的安全车速。习惯性地按此速度稳定行驶，既安全又节油。

2. 控制必要的随车速度。在交通拥挤、车辆较多的情况下，要努力使自己的车速能跟随车流速度，既不要急于超车，也不要一味退让。

3. 根据路况及时变换车速。不同地区，不同路况，需要不同的车速相适应。驾驶员若经常行驶在高速公路上，可适当调整车速，使之适应高速行驶；若长期在简单公路或山路上行驶，同样应调整车速，让车辆适应中速或低速行驶。

4. 保持合理车距。一般在较好的气候条件下，公路上的行车间距应保持在 30 米以上，在市区道路上保持 20 米以上；繁华地段保持在 5 米以上；在雨水、泥泞道路上，车距在 50 米以上较为安全；冰雪道路上车距应保持在 80～100 米为宜。保持合理的车距，是防止车辆碰撞的有效保证。

5. 注意道路交通标志。行车中要注意观察道路的交通标志，对限速标志，一定要严格遵守，绝不可视而不见。

6. 自定车速警戒线。驾驶员平时行车应为自己定一条车速警戒线，即使在特别好的交通条件下，最高车速也不能超过此警戒线，这样可以有效的避免开“英雄”车和开情绪车。

中速行车好处多

摩托车作为一种方便、快捷、价格适中的交通工具，为人们运动、休闲、代步的首选。无论在城镇乡村，还是大街小巷，随处可见摩托车矫捷的身影。广大用户在享受摩托车便利的同时，都希望自己的“铁骑”经久耐用。但是，作为机械产品，摩托车的生命是极其有限的，它会随着零件的不断磨损以及其他各种因素的影响，逐步达到使用极限而抵达“生命”的终点。实践证明：除必要的维护保养外，中速行车对摩托车发动机的使用寿命有着重要的意义，笔者愿就此问题和广大摩托车用户车迷朋友们共同探讨。

由内燃机原理可知，摩托车发动机必须经历三个磨损阶段：

1. 初期磨损阶段（初期 1000～1500 公里，高档车 1500～2000 公里）；新装或大修发动机的零件表面比较粗糙，几何形状与装配位置存在一定的偏差，再加上摩托车摩擦副零件间的润滑油膜还未完全建立，因此，此阶段的磨损量增长较快。

2. 正常磨损阶段（5 万～10 万公里，高档车 10 万公里以上）：发动机经过正常磨合后，各摩擦副机件之间的接触面积增大，单位接触面积上的压力减少，负荷和润滑达到正常的稳定状态。所以，此阶段的磨损量增长趋于平缓，零件的使用周期相对较长。

3. 异常磨损阶段（因磨损程度不同，其实际行驶里程因车而异）：随着摩擦副零件的磨损，零件之间的间隙不断增大，当达到使用极限值而继续工作时，零件的磨损量将急剧增加，由此产生恶性磨损，甚至造成摩擦副零件过早损坏等恶性故障。

开车巧避行路人

日常发生的交通事故中，有相当部分是由于行人乱穿马路，驾驶员处理措施不当造成的。因此，作为一名驾驶员，对下列三种人行路的特点必须多加注意。

儿童：儿童对外界事物的观察力、判断力和自我保护意识较差。所以儿童过马路具有行停不定，行走路线曲折多变的特点。当儿童穿过道路时会经常地突然向前或向后奔跑，令行驶中的车辆无法躲避，令驾驶员感到措手不及。所以，驾驶员开车时，千万不要与孩子争时间，抢路面。

青年人：青年人由于精力旺盛，感觉敏锐，反应快捷，并具有较强的自信心。因此有些青年人敢在车辆临近时横穿道路，甚至会爬越道路隔护栏，与机动车争道抢行，或不走人行道而走车行道。针对青年人的这些特点，驾驶员要尽量为过路人留出空间。

老年人：老年人由于年老体弱，行动迟缓，视力听力较差，过马路时经常不能正确估计车速。有些老年人甚至只顾低头走路，根本不看来往车辆，加之大多数老年人喜欢穿着深色服装，所以夜间或光线昏暗的时候，不容易被驾驶人员发现，时常发生被撞事故。遇见老人时应格外小心。

掌握上述三类人群的行路特点，对驾驶员安全驾车很有裨益。

危险路面的谨慎处理

弯道路面。 在进入弯道前的直线路段就要减速，油门处于关闭状态，快出弯道时，再加大油门出弯。摩托车转弯时，车体向内侧倾斜，车手要肩部放松，腿部紧夹车体，身体倾向弯道内侧，让内侧的脚踏板多分担重量，人和车共同倾斜，倾斜的车体和身体成一直线，平顺过弯。

陡坡路面。 要低速挡位全力冲刺上坡，快到坡顶时，眼视前方，观察路况，稍加油门以留有时间判断坡后情况，此时要减速鸣笛，警惕坡顶的弯路和行人车辆。下坡时切忌空挡滑行，以防制动失灵。

颠簸路面。 施工地段和崎岖山路多布满碎石，颠簸摇摆，在这样的路面行驶，应以慢速缓缓通行，切不可以快速蹦跳的方式通过，否则易使碎石蹦溅打在四周万物上和车体上或落地打滑。颠簸过大的地方，可以采用站立姿势驾驶，腿部夹紧车体，腰向后拉，保持重心在后轮上。若碎石丛中难以骑行，可以先用木板在碎石上铺出一条临时小路，慢慢推车前行。

水漫路面。 涉水时要先观察水的深度，确信可以安全通过时再低速缓行。摩托车的排气管万万不可进水，否则会造成汽缸进水，发动机熄火，因此应该用低速挡大油门，不能挂高速挡用小油门。水漫路面附着力差，转弯时要加大转弯半径，避免急转向或边制动边转向，以防发生侧滑，若水流过急无法通过，一定要另寻道路，切不可盲目闯过，一旦排气管进水，车辆熄火，车手将会进退两难。

沙地路面。 这种路面过于松散，车体极易凹陷，控制好油门是关键。摩托车的动力主要在于后轮驱动，如果低挡大油门，后轮的动力必须骤增，很容易打滑。行驶途中尽量避免换挡或制动，低挡匀速行驶为好。如果左右横摆打滑，需要减速收油，靠发动机牵制车行速度，同时控制好重心，沿着已有的车辙行驶，避开沙土较厚的地方，防止侧摔。

空车猛轰油门害处多

众所周知，气门是四冲程发动机配气机构的重要零件之一，它的开启与关闭是由凸轮轴上的桃形凸轮的升程和角度来控制的。在正常情况下，只要配气正时安装正确，气门间隙调整合理，进、排气门在发动机运转后按序开关是会相碰的。只有在特殊条件下，凸轮型线，不受其控制时才会发生，这种现象在内燃机原理上称为“气门异动”。

“气门异动”是怎样产生的呢？这还得从物体的运动谈起。我们先来做个实验，用手托起一个球作快速上下运动，当手上升途中突然停止运动，这时球就会脱离手掌飞向上方。当手向下运动途中突然停止运动，这时球也会离开手掌滚落地面。这是因为迅速加速和减速会产生惯性力的缘故。同样道理，在发动机中凸轮就相当于手，而气门就相当于球。凸轮旋转运动带动气门作往复运动，如同手与球在上下运动。当凸轮进入升程开始阶段，气门加速运动（称为正加速），一旦气门开度达到一定值的时候，气门又开始减速运动（称为负加速），而当气门达到最大升程时，气门的理论速度为零，在这期间负加速度起作用，再回过头看凸轮的运动，发动机调动后缓加油门时，凸轮和气门的运动加速度及产生的惯性力比较平稳和均匀，故气门的运动始终受凸轮的控制。而猛加油门时，发动机的转速突然发生变化，凸轮的正向加速度十分巨大，由此产生的惯性力也同样巨大，再加上在这个过程中还要通过压缩弹簧才能打开气门，凸轮轴的驱动力将相当大。一旦气门过了最大升程向关闭方向运动时，负加速度产生的惯性力则全部作用在气门弹簧上，使气门迅速开启和关闭，造成进、排气门工作错乱而相碰。这种气门异动除了不受凸轮控制外，还会在气门回落时产生冲击、反跳再回落等现象，从而损坏气门。以上气门的不同步运动最终将导致与活塞产生干涉而相撞。据有关资料介绍，气门异动与发动机的转速、气门弹簧的软硬度等有关，通常发生在高速运转过程中，尤其是发动机刚开始启动的怠速运转期间，若在未能充分暖机的情况下就急加油门至最高转速，极易产生气门异动。在内燃机上，气门异动的转速称为配气机构的临界转速，它与活塞速度一样都是限制发动机的转速上限的主要指标，关于这一点应引起广大用户的高度重视。要知道，冷车猛轰油门害处多，不但会产生以上的“气门异动”意外故障，还会浪费汽油，增加空气污染。一台发动机在正常使用情况下，通常能行驶 10 万公里左右（主要指发动机不需大修），而经常空车轰油门的发动机行驶 30000～50000km 后，大部分运动零件就不能再用了，使用寿命大大缩短，其原因有以下几点：

1. 摩托车停驶一夜或几天后，发动机各运动零件间的润滑油绝大部分已流尽，其接触表面上的积油极少，如车启动后立即大轰油门，发动机转速瞬间升高，摩擦副运动件间便形成干摩擦状态，从而产生剧烈磨损。特别是冬天气候寒冷，润滑油温度低、粘度大，发动机启动后机油需经过一二分钟才能流到各润滑点，若提前加速，运动零件处于摩擦的时间延长，其磨损量将会相对增大。

2. 怠速运转的发动机，当突然加大油门时，化油器节气门主喷油针疾速上提，混合气的供应量也会相应增大。由于汽油的静止惯性大于空气的静止惯性，所以此时汽油流量的增加远不及空气量的增加，致使混合气过稀，极易产生熄火现象。况且，当节气门急开时，高速进入汽缸内的冷空气来不及预热，使汽缸内的温度降低造成汽油不易挥发而形不成良好的雾化就被吸入缸内，冲掉了汽缸壁上的润滑油膜，导致汽缸与活塞间的磨损加剧。

3. 猛轰油门时，发动机转速突变，曲轴、连杆和活塞受力的变动很大，尤其是新组装的发动机，有机会引起剧烈撞击，严重时甚至会造成连杆弯曲、曲轴烧毁、活塞偏磨和脱顶等意外损伤。

由此看来，发动机启动的暖车并不是可有可无，而是相当重要的。在使用车辆时一定要按客观规律办事，依据正常程序暖车起步，切不可操之过急而留下故障隐患。“欲速则不达”，对每个用户来说都必须永远铭记。

预见性在摩托车安全行驶中的重要性

摩托车是高速运动的物体，行驶中人是这个高速运动物体的主体，正确的操控是保证安全行驶的前提，而预见性对于正确的操控具有重要的作用。为什么这样说呢？

首先，我们知道，物体在高速运动中，由于受惯性的作用，制动时不可能立即停止运动，而必须有足够的时间和距离，这个距离对于行驶的安全性至关重要。预见性就是保证安全距离和时间的有效手段。

其二，摩托车在制动过程中，存在一个理论和实际的刹车距离。一般地讲，125ml 摩托车以 60km/h 的速度行驶，其理论制动距离约为 7m。而实际操作中往往超过这个距离。一般人的大脑从眼睛接受到信息，到肢体作出反应和动作，大概需要 0.8 秒以上的时间。通过计算可知，该摩托车此时每秒约可行驶 16.6m，那么 0.8 秒已行驶了 13.3m，再加上 7m 的理论制动距离，该摩托车的实际制动至少需要 20m。在没有提前预见的状态下，当遇到突发性事件，往往就没有足够的时间采取有效的措施，此时车祸就难免生了。

那么，怎样才能预见呢？那就是全面的观察、准确的判断、及时恰当的处理措施。

下面以几种典型实例说明预见性的重要。

1. 行驶中，当前方突然滚出一个皮球或遥控车等玩具，应当想到后面可能有孩子追出，应减速慢行。

2. 当小学生或儿童过马路时，应注意减速，因为孩子有走到路中间时突然又退回的习惯动作。

3. 经过公共汽车站时，应注意下车的孩子可能会突然从公共汽车前横穿马路。

4. 前方骑自行车的人回头张望，一定得注意，可能他要转弯。

5. 警惕放学回家在路边嬉戏追打的少年，他们行走无常，很可能窜入马路

6. 须留心“的士”，因为个别司机为了抢客会突然靠边或调头。

还有很多危险情况，自己可以通过实践和积累，并掌握这方面的知识和经验。只有时刻留意、处处小心、谨慎驾驶，方能“高高兴兴出门、安安全全回家”，骑手们也才能尽情地感受摩托车给我们带来的风驰电掣的惬意和快乐。

刮风天骑摩托车应注意的事项

春暖花开骑摩托车出门是一件惬意的事情，但也会给骑行者带来麻烦，主要是因为气候还不很稳定的缘故，常常会出现“大风起兮‘尘’飞扬”的刮风天气，吹起沙尘狂吻骑手的脸和眼，让人“颜面无光”而防不胜防，严重时会带来意外伤害。我们国家有许多城市街道两侧都植有杨树，时值春天季节，漫天杨絮飞舞，远处的人们看来也许很是壮观，但对于骑摩托车的人们却会造成麻烦。

摩托车不像汽车有驾驶室，骑手身处外面，眼前飞扬的杨絮或灰尘除了能被吸入鼻腔外，还对人的视线造成影响，眼前有异物飞来，人处于本能地闪避，这样往往会使骑手分散注意力而酿成事故。笔者总结出几条刮风天骑摩托车注意事项，提醒摩托车爱好者在骑行中一定要做到心中有数，防患于未然，一旦出现类似天气，不至于在风中迷失了前行的方向。

1. 瞻前顾后留意行人

在刮大风时，有些行人用纱巾蒙住脸，或戴上墨镜，视野会受到一定的限制；还有的人加快脚步狂奔乱跑，这时行人往往只顾行路而不顾机动车辆。骑行者这时必须严密注意，否则极易引发交通事故，给行人和自己带来伤害。

2. 交叉路口注意车辆

一般情况下，交警对骑自行车的人员管理相对松一些。刮风天，有些骑自行车的人低着头只顾拼命往前骑，在交叉路口或在混合交通道路上也旁若无人，骑手应注意“对付”这些低头骑自行车的人，此时最好以中低速度行驶，随时准备制动停车，以防备这些“自由人”擅自闯入机动车道。

3. 摩托喇叭作用不大

受大风的影响，有些行人或其他车辆的司机根本无法听到摩托车喇叭的声音，或没有留意你的喇叭的声音，况且许多城市是禁止机动车辆鸣笛的。所以，在这种情况下或遇到不稳定的目标时，不要试图狂按喇叭让别人让道，那样做无济于事，遇见这样的天气路人都挺心烦的，反而会造成急躁心理。

4. 遇事果断反应机警

行驶中一旦出现危险情况，在来不及制动或刹不住车时，特别提醒骑手要学会及时躲闪，以求得最大的安全系数。这时要反应敏捷不慌乱，转动车把避开障碍物后，再立即扶正车把，迅速完成闪避动作使摩托车从左右摇摆的状态中恢复平稳。这时要求骑手眼观六路，不要紧盯住障碍物，眼睛应将视线对着正确的行驶方向，不要因为闪开了障碍物而忽视了前方突如其来的情况。

5. 做好防护注意载货

大风天骑行时，应戴好防护眼镜，最好是风镜，以免沙尘飞入眼睛。这种情况下墨镜反而不好，会影响骑手的视力。如果是车后带人或载物，因为阻力的缘故会给操作带来难度，应更加小心对待，防止货物被大风吹歪、吹斜或散落，掉下砸伤行人或刮住行人，使摩托车失去重心而跌倒。这里要特别提醒骑手的是无论什么时候都应按照规定载人载物，不要超重、超宽而影响摩托车后视镜的功能。

6. 小心驾驶谨慎停车

为避免出现高空坠物砸下的情况发生，停车时不要溜边儿停，最好远离楼房、枯树、阳台、窗台以及长时间伫立的广告牌等容易跌落物品的地方，保护自己不被意外伤害。

注意好以上这些，您将会安全地行驶在风中，体味摩托车给你带来的方便。

夜间骑摩托车的讲究

夜间驾驶摩托车，由于灯光照射距离有一定的限度，视线受到影响，骑手对路面的状况会判断不准确，因此，要保证夜间骑行的安全，必须讲究骑车方法。

1. 道路宽阔、路面不复杂时，可用远光灯行驶，但遇到窄路、转弯或不平路面时，则要改用近光灯行驶。另外，会车交错时也应采用近光灯，以免刺激对面骑手的眼睛，造成事故。

2. 学会根据影像判断路况。如远方路面有黑影但走近却消失，可能是路面上有小坑；远方的黑影待车子接近后仍存在，可能是路面的坑较大，这时应注意减速慢行；如果灯光突然照射不到路面了，说明前面有急弯或是下坡路段，需要尽快减速。及时变换近光灯，查清路面。

3. 夜晚超车，危险系数大，所以要尽量避免超车，保持50米左右的跟车距离，如果非超不可，应密切视察前车情况，并变换灯光示意前车让行。

4. 夜间转弯应该提前降低车速，连续变换灯光（远近交替变换），接近转弯处应该近光，并开转向灯紧贴右边走。

5. 夜间中途停车应开小灯和边灯，以避免发生撞车。

6. 夜间会车时，在距对方车30m时候，应该开小灯，并靠右行，待相互通过以后再开大灯。

7. 在光线较好的市区内街道行驶，只开小灯即可。

8. 夜间行驶视线不清，对道路的判断，除了注意观察路标外，还要凭经验判断：若发现前面灯光突然中断，可能是个急转弯，也可能是凹坑或下陡坡。应立即减速，必要时停车观察后再行驶，若灯光照向路的一侧，一般情况下，前面是个慢转弯的道路。

9. 当灯光的照距缩短，而且发动机的功率降低，车速下降，说明车辆在上坡。当灯光的照距伸长，车速增加，说明车辆在下坡。上坡的发动机应保持足够的动力，下坡的时候控制车速。

10. 如果前面的灯光突然消失，并且出现噼里啷啷的声音，有可能前面的车进沟里了，你要减速，准备救人，不过，这种情况出现的可能性不会很大。

驾驶摩托车五不宜

一不宜舞后驾车。 人们在跳舞时，会异常的兴奋，不但心情激动，而且心跳急剧加快。特别是一些运动量大的舞蹈，如迪斯科、霹雳舞、摇滚等，音量超倍，噪声震耳，灯光变幻强烈。如果在结束舞蹈后马上驾车而走，极不安全，因为此时人的精神状态和注意力，并没有完全脱离开刚才舞厅里的热烈氛围，多会出现眼花缭乱，视觉不清，应变能力差等现象。特别是在夜间，发生交通事故的可能性极大。所以在参加完舞会后，一定要休息20分钟左右，使心情逐步平静下来，视觉逐渐恢复正常后，方可驾车而归。

二不宜争吵后驾车。　人与人之间的交往难以避免地会出现摩擦和争执，由于争吵，会使人突然出现火气旺盛、血压增高、心跳加快、气血供应不足等生理反应，有的人甚至出现恶心、抽搐、呕吐等现象。特别是早上因为家庭琐事而与家人争吵后，会影响一天的工作情绪，对于驾驶员来说，更是不宜驾车。如若此时开车出行，多会感觉驾车动作机械、应变能力低、视觉恍惚不清，甚至在无意之中出现超速行驶、闯红灯、误入逆行车道、强行超车等严重违规现象。

三不宜起床后立即驾车。　人们从梦中醒来后，神智并不会马上完全恢复，多会无精打采，呵欠连天，有一种在“半梦半醒之间”的感觉，甚至会出现眼花、头疼、全身无力等生理反应，所以起床后，特别是中午，最好不要马上开车或稍加休息，或用凉水洗一洗脸，这样就可以清醒一下，不至于昏昏沉沉地上车，造成交通事故。

四不宜服药后驾车。　从临床实践来看，有一些药物服用后，会在很短的时间里发生一些生理反应，如超量服用止痛、安神、降压、消炎等药物，此时切忌驾车出行，一定要等到药物的反应期过去之后，方可驾车，切不可服完药就急于出车。即使有急事，也要三思而行，如果急于出车，一旦在途中出现药物反应，很不容易控制，不安全的隐患很大。

五不宜在看电视后驾车。　电视对视力带来的损害不容轻视，经有关研究分析，驾驶员未看电视之前驾车，按照规定路线行驶都准确无误，而看上90～120分钟电视后，再让其驾车按原路线行驶时，会有10%左右的人莫名其妙地走错路线，3%左右的人认错了灯光信号或路面上的各种标线。所以一些医学家提醒驾驶员，久看电视对神经的损害不亚于酒精，在收看一至两小时的电视节目后，不应立即驾车出行，至少要休息20～40分钟后才能上路。

冬季驾驶摩托车须知

冬季骑行，车况不佳，路况不好，很多人由此而认为摩托车安全系数低。其实不然，只要驾驶员掌握了冬季摩托车的养护及驾驶常识，摩托车照样可以“一往情深”地为您服务。

一般来讲，驾驶员应该了解主要机件的保养和维护常识。发动机和轮胎的养护是最为重要的。一般人对发动机的磨损都存有误解，以为高速行驶时，发动机处于高温的工作环境下，所受的损害应该最大。事实上，摩托车发动机的磨损来自启动着车的瞬间，这是因为启动着车时，机油仍停留在机油槽里，无法马上运送到发动机的各部件，机油内都加有抗磨添加剂，也只有发动机的温度达到正常工作温度后，抗磨剂才能发挥作用，为了延长发动机的使用寿命，冬季骑行摩托车一定要做好着车准备。

不少人以为冬季路滑，轮胎应保持低气压，以增大胎面和地面的接触面积。其实，摩托车轮气压必须控制在合理的范围内，而过高或过低都会使轮胎寿命缩短。气压过低，胎体变形增大，胎侧容易出现裂口，轮胎内层受到压缩力与外层受到的张力超过允许的极限，导致过度生热，橡胶老化，帘布层疲劳，帘线折断，而且气压过低，轮胎与地面的接触面积增大，也加速了胎肩的磨损。当然，气压过高也不好，轮胎弹力下降，更易发生测滑和偏移，而且加大摩托车行驶中所受负荷。

有了良好的运行状态，再施以合理的操作，驾驶摩托车定能得心应手。冬季多雪多雾，路面易结冰，行驶在冰雪路面时，应当牢记“十六字方针”：

轻缓送油

为了防止轮胎打滑，在附着力很小的冰雪路面上，切不可猛轰油门，突然加速，否则会发生驱动轮空转和横向偏移，产生危险。

低速行驶

行驶过程中与前车保持30～50米以上距离，尤其是大雪过后，路面结冰，更应加大前后车的间距，以制动时间换取制动效果。

牵阻减速

所谓牵阻就是在不脱挡不踏下离合器的情况下迅速收油门，迅速降低发动机转速，从而使车辆减速。待车速降下来后，再轻点制动，使车完全停下，绝对禁止紧急制动。

匀顺转向

在冰面上转弯时，一定要加大转弯半径，慢打方向盘，千万不能猛转猛拐，否则车辆在惯性的作用下，车尾很容易向外侧甩出。

当然，这些技巧动作的实施，都必须是在驾驶员衣着合适的情况下进行的。比如冬季穿衣不可过于肥大，以免袖口兜住油门，影响动作发挥；帽子不可佩戴过低，以免影响视线；手套尽量选择保暖性好、材料轻薄者，避免过于厚重而影响操作。

冬季摩托车发动秘诀

在冬季，我国大部分地区气温降至0℃以下，东北、内蒙等地的气温更低，有时可达零下30℃～40℃。若摩托车存放在没有保暖设备的场地，冷机时往往很难启动。其主要原因大致有以下三点：

汽油方面：天气寒冷，汽油的温度降得很低。这种汽油在冰冷的化油器内不易汽化，使混合气中含有的汽油太少，混合气过稀。这种稀混合气不仅不易点燃，而且燃烧速度很慢，因此使发动机变得难以启动。

润滑油方面：随着温度的降低，润滑油的粘度增大，流动性变差，发动机的启动阻力增加，使用同样的电力和人力来启动发动机时，曲轴连杆机构的转动速率降低，气缸内混合气所受的压缩力不足，也不易启动。

电流方面：对采用蓄电池点火的摩托车来讲，冬天，蓄电池内电解液的粘度增加，流动性和扩散性变差，化学反应不能完全进行，致使电力不足，影响启动。

针对以上三方面的原因，有以下解决办法：

在汽油方面，总的原则是应设法增加启动时的汽油供给量，以弥补由于温度低、汽油挥发性差而带来的汽油汽化量的不足。一般可采用关闭阻风门，提高混合气浓度的办法来解决。必要时还可采用将少许汽油注入气缸内，或在化油器和进气管外侧浇以沸水，提高化油器温度，促进汽油汽化的办法来解决。

在润滑油方面，为减小启动阻力，冬季请换用粘度低一些的润滑油（夏季使用10号车用机油，冬季即应换用6号车用机油）。在打开点火开关前，可先踩几次启动蹬杆；启动时，将变速器置于空挡，并握紧离合器握把，使离合器分离，以尽量减小启动阻力。

在电流方面，如果该地区的最低气温已下降到零度以下，即使车辆放在室外，也一定要将蓄电池拆下，放到室内温度在0℃以上的地方保存，防止蓄电池冻裂。对拆下的蓄电池应进行电量检查（用一根导线直接触碰蓄电池正、负极，看其火花强弱），如果电量不足，应立即充电，以保证其电量充足。另外，还可适当减小火花塞的电极间隙，由原来的 0.6～0.7mm，调整为 0.5～0.6mm，以利于火花塞的跳火。

冬季摩托车存放的七条经验

冬季，北方寒冷地区的摩托车骑士大都将暂别心爱的坐骑，来年春天再展骑士风采。有些地区，摩托车冬季存放时间长达半年以上。因此，如何存放摩托车是摩友最关心的一个话题。以下是摩托车老手 20 年冬季存放车的经验，供朋友参考。

1. 将摩托车清洗擦拭干净，在通风或日光下晾干。

2. 将燃油箱和化油器的汽油放尽，以防汽油干涸堵塞有关部件。

3. 将蓄电池从车上取下用清水洗净擦干。用电解液比重计测量电解液比重，电解液应保持在 1∶1.28 左右。将蓄电池充足电后放在干燥和小孩接触不到的地方，每隔两个月充一次电为宜。

4. 四冲程车应在排气管内注入一定量机油，保持排气管后高前低倾斜，使机油流入排气管前端，然后发动车，使余油排出。这样可使机油均匀涂于排气管内壁，预防生锈。从火花塞口给发动机加注约 15ml 摩托车用 4T 纯净机油，装上火花塞，脚踩启劝杆 5～6 下，使机油均匀涂于气缸内壁。

5. 将传动链洗净上油，以防生锈。

6. 长期停放的摩托车，前后轮胎应保持标准气压。

7. 摩托车应停放在干燥通风的库房内，若环境潮湿或露天停放，会加速摩托车外观的老化和机件生锈。有的骑士在冬季将摩托车蓄电池内的电解液放净，并将蓄电池洗净保存是错误的，那样会使蓄电池的极板氧化，导致蓄电池报废。将车胎内气放掉或使气压过低，也是错误的做法，那样非但不能保护车胎而只能使车胎过早老化并产生裂口直至报废。

出车前应对摩托车检查什么

检查摩托车的外观，清洁外表及蓄电池面。

检查汽油箱的存油量及混合比是否按规定比例混合；变速器润滑油是否足够；蓄电池是否有足够的存电；电解液平面是否高于极板 10～15mm，如不足时，应及时加添蒸馏水；轮胎气压是否亏气，如不足时应及时给轮胎充气。

检查有无漏油、漏电、漏气现象。

检查汽油箱盖、机油口盖、蓄电池盖、气门嘴盖是否齐全有效。

检查灯光、喇叭、反光镜是否正常；水冷式发动机是否漏水。

检查转向、制动、油门、离合器及传动部分是否牢固可靠，操纵灵活。

检查各部螺栓及接线头是否松动。

启动发动机，检查有无异响，检查怠速、加速及发电机的工作情况。

检查随车工具和备件是否带齐。

收车后应对摩托车检查哪些项目

收车后发现了故障应及时排除。

清洁全车外表，用水冲洗时应注意点火器、硅整流器、发电机、蓄电池、化油器及制动蹄不要进水，清除全车及散热片上的泥土积垢。

检查、加添汽油、润滑油，按说明书的规定对各润滑点进行润滑。

检查全车外部螺栓坚固情况。

检查链条松紧度及前后减震器弹簧有无折断现象。

驾驶摩托车途中应注意哪些项目

在行驶途中发动机、变速器、传动部分、制动鼓有无异常响声、焦气味或过热现象。

转向机构与出车前有无突然降低或失灵现象。

检查轮胎外表胎纹中是否有石子、杂物及气压是否正常。

有无漏油、漏电、漏气、漏水现象。

为什么有的摩托车阴雨天启动困难

有的摩托车夏季冷启动困难，阴雨天更是如此。启动后运转不稳，容易熄火，有燃烧不充分的症状表现，起步后行驶无力，行驶一段时间后发动机运转正常。

碰到此种现象，应拆下火花塞做跳火试验，若火花强烈，说明点火系统正常。应仔细检查火花塞帽是否有细小裂缝，这时应将火花塞帽松弛地搭在火花塞上，若冷车启动时发动机容易启动，同时能听到火花塞帽间有强烈的火花跳击声，说明火花塞帽上有细小裂缝，在空气潮湿的夏季、阴雨天气冷机启动时引起击穿，导致火花塞断火。当发动机预热后，由于发动机本身散发的热量，使火花塞帽周围的空气变得相对干燥，绝缘电阻增大，这时的高电压不能击穿缝隙中的空气，所以发动机又恢复正常工作。

摩托车应急打火小经验

摩托车关键时刻打不着火，很急人，大概所有骑摩托车的人都有过这样的经历。打不着火的原因多种多样，除电路方面的原因外，还有很多因素，如：打火时加油门过大，火花塞被淹死；刷车或雨天行驶时，火花塞进水；混合气太浓，火花塞烧机油；火花塞自身有问题；天气寒冷车太凉等，都有可能导致打火困难。根据数年的骑车经验，发现了一个应急打火小方法。有时早晨不易打火，有时骑着的时候好好的，停一段时间后就打不起来了。这时，只要按下面的小方法去做，摩托车立刻就会启动。

方法是这样的（首先肯定电路没问题，高压帽内有火花闪现）：将高压帽从火花塞上面拔下，然后将高压帽口搭在火花塞末端，使高压帽内的金属件与火花塞脱离开来，呈似连非连状，这样打火，一打就灵。打着后不用熄火，把高压帽顺势推入火花塞即可行驶。若出现高压帽一推入火花塞就熄火，可临时先不推入，在似连非连的情况下，先行驶一段，然后再推入，问题就能解决。有时与离合方面也有关系，打着后，调整一下离合线，即转入正常。此法适合非电路故障所引起的打火不畅，但只作应急用。临时打火行驶之后，再根据具体情况进行检修。

摩托车冷机启动防止前冲的办法

凡是驾驶有离合器的摩托车的人可能都会有这样一个感觉，就是在冷机启动后挂一挡时，机身齿轮箱就会发出“咔”的一声响，而且摩托车还有一种前冲的感觉，但是，然后再挂第二挡的时候就没有这个现象了。

该现象的发生主要原因是，离合器停止使用较长时间以后，压力弹簧把离合片间的润滑油都挤出来了，因此，离合片间贴的很紧，虽然已经握紧了离合器手柄，但离合片还是不能完全分离，所以第一下挂挡的时候会冲一下。千万别小看这“咔”地一冲，久而久之就会对变速箱内的齿轮造成损害。

有一个简单的办法，可消除上述现象。在冷机启动时，先让发动机预热一会儿，不要立即起步（尤其在冬天更应充分预热），同时握紧离合器手柄，最好多做几次松、放动作。这样做的目的就是使离合片间有足够多的润滑油来帮助其更好的润滑，这样分离就会比较彻底。然后再起步，摩托车就不会再有往前冲的感觉了。

水冷摩托车发动机的特点

现代摩托车发动机的动力性、经济性、耐久性、可靠性在不断提高，热负荷也愈来愈高。因此，水冷方式所具有的冷却效果也愈来愈受到人们的青睐，已成为先进发动机冷却系统的首选方法。为此，本文在对四冲程汽油发动机工作过程热负荷影响的介绍中，阐述水冷方式的特点，并对水冷机的应用前景做以简单分析。

1. 发动机的热负荷

发动机的热负荷是对零件工作最高温度、不同方向的温度梯度以及对应的热应力、热应变和零件局部承受的低频与高频热疲劳的综合评价。高热负荷是阻碍发动机达到最佳性能的障碍。

发动机热负荷是用单位时间单位传热面积上的热流量，即热流密度来表示的。在发动机工作过程中燃烧室内混合气体燃烧做功产生大量的热量，燃气的最高温度可达2000℃～2500℃。汽油机燃烧室的组成大部分在气缸盖上，并布置有进、排气门，气门座，火花塞这样的关键部件。在正常工况下所控制的温度上限为：活塞顶部温度最高点 250℃，活塞环上止点时的最高温度 220℃，进气门头部温度 400℃，排气门头部温度 800℃，火花塞电极部位工作温度 800℃，缸盖外表面 180℃。当然不同的冷却方式上述温度会不同，但无论采用何种冷却方式，均应将温度控制在上限之下。由于各零件的形状差异，在高温热流的作用下形成不同的温度梯度，以及所对应的热应力、热应变。若各零件的温度过高，将使发动机的温度过热，过热的零件和机油将不能保持原有的品质特性，使发动机很快产生致命的故障。如：火花塞电极烧损、活塞顶烧穿、活塞开裂、活塞环断裂、活塞与气缸烧死、气门头开裂等结果。

2. 不同冷却方式对热负荷的影响

摩托车用汽油发动机最常见的冷却方式为风冷和水冷两种，无论何种冷却方式都针对燃烧室中各受热件相同的传热路线，所不同的是改变了发动机热负荷的高低。发动机中各部件的受热状态不同，所对应的冷却程度要求不同。

在高温燃气作用下，活塞不仅温度高而且温度分布很不均匀，各部位之间有很大的温度梯度，并成为热应力变形的根源。当活塞顶部温度达到 350℃时，铝合金将失去抗裂能力而开裂，同时高温会使机油碳化变质，失去冷却润滑零件的作用。活塞的热量 70%由活塞环传递给气缸壁的，在不同的冷却方式下，活塞的抗热疲劳的能力明显不同。试验研究证明，在同一平均有效压力 Pe 条件下，采用风冷方式活塞第一道环在上止点的最高温度可达 250℃～300℃，而水冷方式只有 160℃～170℃，下止点时风冷方式为 170℃～180℃，而水冷方式为 130℃，同时表明了风冷机的活塞头部存在着严酷的润滑条件。进、排气门的头部主要热量 65～70%是通过气门座、气缸盖进行传递，火花塞的高温主要散热是通过螺纹紧固部位完成的，而半球形燃烧室本身也承受了很高的热负荷，可见发动机重点冷却对象是燃烧室。由于结构所限，风冷方式冷却风很难直接冷却这些部位。当摩托车低速行驶时，发动机不能获得充分的冷却，在发动机周围空气流通不畅，金属表面上的空气很快变热，使空气和金属表面温度差下降，从而降低了二者之间的交换能力。虽然强制风冷部分能改善热交换能力，但不能解决风冷的根本问题。

水冷方式将冷却液做冷却介质，冷却液从发动机高温部分把热量带走，然后经散热器把热量传递给大气。水冷方式不直接向大气散热，而是利用中间冷却介质——冷却液来传递热量。表面上看，热的传递多了一个中间环节十分麻烦，实际上并非如此，正是由于冷却液的存在，使水冷方式的冷却效果处于优势。冷却液容易人为调节各部位的冷却强度，调节发动机的温度。冷却液的流向与冷风的吹向无关，能自由地把发动机各处的热量带走，可以重点地加强局部区域的冷却，并对某些部位进行保温。当摩托车低速行驶或停车时只要冷却风扇旋转，冷却系统就有足够的散热能力，并能保证发动机始终处于最佳温度状态下工作。

3. 冷却方式对性能的影响

发动机在各种工况条件下工作过程的优劣，取决于是否处于本身所需的最佳温度状态，而最佳温度状态又取决于冷却方式对热负荷的控制程度。

前面讲到热负荷的高低用热流密度 qw 来表示，而热流密度与平均有效压力 Pe、燃油消耗率 ge 成正比关系，这就意味着 Pe、ge 的升高必然导致热负荷的提高，因此没有良好的冷却效果难以达到性能提高的目的。

冷却方式对动力性、经济性的影响表现于 Pe 的差异。我们知道，在同一排量下，由于热负荷的制约，风冷机与水冷机压缩比有 2.5 个单位差别，所带来的功率差异在 15%以上。Pe 的增大表示了有效热效率的提高，而有效热效率与 ge 成反比关系，这就说明了为什么水冷发动机燃油消耗率 ge 往往低于风冷机的道理。另外汽油在气化过程中需要吸收大量的热，而且比汽油温度上升所吸收的热量大得多，所以汽油的冷却效果相当大。试验证明了在活塞的冷却上，汽油汽化有举足轻重的地位。正是这个原因，许多风冷机用较浓混合气的汽化潜热来冷却活塞气门，这也是风冷机比水冷机费油的主要原因之一。

冷却方式对可靠性、耐久性的影响主要体现在对机油品质的保证。发动机在一定的热负荷状态下，各零件之间形成的工作间隙，必须满足在正常机油温度下建立合理的承载油膜条件。风冷发动机由于受自然季节环境温度的影响很大，难以保证内部受热条件的温控范围，极易造成过冷过热，使机油品质恶化出现早期磨损。水冷机由于冷却介质的温度始终控制在最佳范围，并且不受环境温度的影响，因此机油品质始终得以保证。经组织自然风冷、强制风冷、水冷三种摩托车在恶劣环境下的热负荷试验：三种车辆为本田王125一辆（双缸），GY6踏板车一辆，125水冷踏板车三辆，车辆按说明书满载。试验条件为：环境温度37℃；道路条件：慢坡，坡长10公里，路面为碎石路，最高车速20km/h。试验结果：本田王125行驶1/2里程时热胀停车，机油温度196℃；GY6踏板车2/5里程时热胀停车，机油温度215℃；125水冷三部车顺利完成全部里程，机油温度分别为：103℃、107℃、104℃。试验表明，水冷方式对发动机热负荷的调控效果是风冷机无法实现的。

随着环保对摩托车排放的严格要求，发动机的降排放技术越来越受到重视，而燃用稀混合气以达到降低排放、降低油耗始终是这一领域的追求目标。由于风冷机热负荷高的原因往往不能燃用稀混合气，燃用稀混合气的必备条件是以提高压缩比来增加燃烧速度，并且压缩比的提高不带来热负荷的增加，这一点恰是水冷机所具备的优点。经过对不同排量水冷机的相关试验也验证了摩托车四冲程水冷发动机在组织燃用稀混合气方面可以达到在保持动力性的前提下获得满意的排放指标和节油效果。

蓄电池充不进电是何原因？如何诊断？

蓄电池充不进电是指发动机在正常工作的情况下，蓄电池长时间充电而电压上升很慢。其原因如下：

1. 充电线路中接线头松动或锈蚀，使电阻增大，电流强度减小。

2. 蓄电池极板硫化，使其表面附有一层导电性能差的白色硫酸铅晶粒。这种粗大晶粒堵塞极板孔隙后，电解液便难以渗入，导致内阻增大，电流无法通过。

3. 由于采取大电流给蓄电池充电或放电，电解液比重过大或液面高度不够等原因，使蓄电池极板损坏。

诊断时，先检查各接线头是否松动或锈蚀，然后根据充电时的现象来判断极板是否硫化。若充电时电解液的温度上升很快，或充电时间不长，电解液便产生大量气泡，但电压并未提高，电解液比重也无明显增加，则说明极板已硫化。当硫化不严重时，可倒出全部电解液，注入蒸馏水，然后用 2 安培左右的小电流进行长时间充电，使硫酸铅溶解，但应注意不要让蓄电池温度升高。当电解液比重在数小时内不增加时，表明蓄电池已充足电，再进行放电。经过多次充放电循环，使活性物质复原，如仍不正常，应更换新品。

怎样检查漏电电流

摩托车在运行中如果发现直流电气系统的蓄电池处于亏电状态，应当首先检查蓄电池的技术状态是否良好，再检查充电系统工作时的充电电压、充电电流是否正常。如果在上述检查中没有发现异常情况，就有必要对直流电气系统的漏电电流进行检查。在关闭点火开关、切断蓄电池与全车直流电气系统各用电设备连接的情况下，蓄电池对直流电气系统仍然有放电电流，这称为漏电电流。在蓄电池技术状态良好、充电系统的充电电压和充电电流正常的情况下，直流电气系统有漏电故障，仍可使蓄电池因放电而导致亏电，其显著故障特征是：每天初次使用摩托车时，明显发现蓄电池处于亏电状态，待摩托车行驶一段行程后，蓄电池得到充电系统的补充，就会恢复电容量，而摩托车停驶一段时间后，蓄电池又会呈现亏电状态。这种运行状态对蓄电池的使用很不利，不仅影响了全车直流电气设备的正常使用，也会大大缩短蓄电池的使用寿命，将导致蓄电池早期报废。直流电气系统在检查漏电电流时为了避免因漏电电流过大，烧坏万用表，测量时应先选择使用较大的量程，再根据测量结果选择合适的量程进行精确测量。通常是先使用万用表直流电流挡 500mA 量程进行检测。检查时应先关闭点火开关，然后将蓄电池负极接线柱上的接地线拆下来，将万用表串接入蓄电池负极接线柱，观察万用表表针所指示的电流数值，经过调查测量量程，进行精确测量。最终测量，万用表表针指示如果有电流数值，可将电流数值与摩托车技术维修手册中规定的漏电电流数值进行对比，电流数值低于允许漏电电流数值为合格，若电流数值超过允许漏电电流数值的则为不合格，说明直流电气系统中存在漏电故障，应立即进行检修，排除漏电故障。

蓄电池的补充充电

蓄电池亏电是摩托车一种较常见的故障，蓄电池亏电以后，不仅会对摩托车的正常使用带来不便，而且有可能危及摩托车的行驶安全。

导致蓄电池亏电的原因有很多，但主要是由于充电系统不能对蓄电池进行有效地充电引发的，即充电系统的稳压整流器、电源绕阻及其连接线路有故障引发的。只要对充电系统的稳压整流器、电源绕阻及其连接线路进行排查，就可以很快地排除充电系统故障。

充电系统故障排除以后，要对亏电的蓄电池进行补充充电后再投入使用。对蓄电池的补充充电通常使用两种方法：一是使用充电机给蓄电池进行补充充电；二是使用摩托车充电系统在运行中对蓄电池进行充电。

摩托车充电系统采用的是恒压充电方式，维修场所使用的小型普通充电机多数也采用的是恒压充电方式。恒压充电方式的特点是：蓄电池整个充电过程中，充电电压始终保持不变，蓄电池开始充电时，由于蓄电池电压比充电电压低，充电电流比较大，就可以很快地被补充充电。通常可以在较短的时间里使蓄电池的容量大幅度提高，随着蓄电池电压的不断升高，充电电流就会逐渐减小，直到蓄电池电压与充电电压接近时，充电电流变得很小，充电工作接近停止。对于亏电严重的蓄电池来说，充电电压要比蓄电池电压高出许多，进行充电时形成的充电电流就会特别大。

以某品牌 125 型坐式摩托车充电系统为例，在正常情况下，发动机怠速工况时，充电电流约 1A 左右，提高发动机工作转速时，充电电流最大可达 5A 左右。蓄电池的标准充电电流，通常是以蓄电池额定容量的十分之一，即 12V7AH 的蓄电池的充电电流为 0.7A，即使对蓄电池快速充电，充电电流也不应超过 3A，蓄电池严重亏电时的充电电流会大大超过快速充电的充电电流，这对蓄电池是有害的，同时也极容易损坏稳压整流器。蓄电池充电电流过大最大的危害就是容易导致极板上活性物质脱落，对蓄电池的使用寿命影响很大。因此，充电系统故障排除以后，最好先使用充电电流可调的充电机对蓄电池进行补充充电，充电电流为蓄电池额定容量的十分之一，蓄电池电量充足后，再装车投入使用。在缺少充电电流可调的充电机时，可以在充电线路中串接灯泡，以减小充电电流。在不得不使用摩托车充电系统对蓄电池进行充电时，应注意发动机起动后，切不可高速运转，以免充电电流过大。对急需要行驶的摩托车，也可以采用在充电线路中串接灯泡的方法减小充电电流。方法是：断开蓄电池保险管的连接，串接一只12V 21W的灯泡，待摩托车行驶一会后，蓄电池的容量增加，再取下灯泡。这样给蓄电池进行充电比较麻烦，但对蓄电池的使用有好处，可以延长蓄电池的寿命，非常值得。

油门操作部分的检查和调整

1. 油门的检查和保养

转动油门把手，检查回位是否良好，如有卡滞或不能回位，应对其进行保养。

步骤：

（1）拆下反光镜。

（2）拆下加油器座，取下油门操纵线和加油器。

（3）向油门操纵线加入少许润滑油，向加油器涂上少许润滑脂。

（4）按照相反的顺序装回即可注意：油门线应该每2000km清洗、润滑一次。

2. 油门把手自由行程的调整

油门把手的自由行程为2～6mm，如不符合规定应进行调整。

调整步骤如下：松开锁紧螺母，转动油门调节螺管到规定位置，然后再拧紧锁紧螺母，顺时针转动油门调节螺管，油门自由行程变小；逆时针转动油门调节螺管，油门自由行程变大。

化油器怠速的调整

1. 打开点火开关，并预热5～10分钟。

2. 取下右侧盖，顺时针转动怠速螺钉，发动机怠速升高，逆时针转动怠速螺钉，发动机怠速降低。

3. 把怠速调整到1500R/MIN左右。

注意：空气混合比螺钉在出厂时已在专门仪器上调好，请用户不要轻易调节。如果需要，请到维修站请专业技术人员进行调整。

离合器的调整

操纵离合器的左手柄自由行程为10～20mm，如果不在此范围请进行调节，步骤如下：

1. 松开离合器调节锁紧螺母

2. 顺时针转动调节螺管，增大离合器自由间隙，逆时针转动调节螺管，减小离合器自由间隙

3. 拧紧离合器调节锁紧螺母。

注意：每行驶2000km，应拆下离合器操纵线清洗、润滑一次。

驱动链条的检查、调整和润滑

1. 检查方法用主支架支撑摩托车，踩变速踏板换入空挡位置，将链条上、下摆动，检查它的摆程应在10～20mm，如不在此范围，应进行调整。

2. 调整方法：

（1）拧松后轮轴锁紧螺母，拧松后制动调节螺母。

（2）拧松链条调节器锁紧螺母。

（3）顺时针旋转调节螺栓，减小链条的摆程，逆时针旋转调节螺栓，增大链条的摆程，将链条摆程调整到10～20mm的范围内。

注意：左右链条调节器刻度应该相同。

如果调好后，链条调节器刻度处于最后一格，说明链传动部分过度磨损，应予以更换大、小链轮及链条。

（4）检查链条的松紧度，拧紧链条调节器的调节螺栓，拧紧后轮轴锁紧螺母。

如果链条出现缺油应该予以润滑，一般情况下，每行驶500KM应该清洗、润滑一次。

步骤如下：

（1）拆下换挡臂；

（2）拆下发动机左后盖；

（3）拆下后链盒；

（4）找到活动链节，用钳子取下活动锁紧夹，从向后的方向取下链条，将链条放入清洗剂中清洗，然后风干，检查链条的磨损情况，必要时应予以更换。

注意：安装活动链节锁紧夹的开口方向应与链条运动的方向相反。

（5）按照相反顺序装回，并在链条上加注适量的润滑油。

化油器油面不正常的原因及危害

作为发动机上关键零部件，化油器肩负着将一定比例的汽油与空气混合的重要使命，因而需要我们的倍加呵护。特别是摩托车的出行次数多了，化油器上的各种问题也就随即出现，对它的正常维护也成为必不可少的内容。摩托车化油器浮子室油面的高低，不仅影响到车辆的动力性、经济性，还严重影响到发动机的寿命及排放质量。目前我国摩托车的社会保有量中，采用化油器的车型占 99% 以上，据统计数据表明，大约有 10%～15%的摩托车存在油面不正常的现象，这不仅给摩托车用户带来了经济损失，也对环境造成了严重污染。

1. 化油器油面的控制原理

随着发动机的运转，化油器中的油面下降，浮子带动针阀下降，针阀与针阀座分离，燃油通过二者之间的间隙进入浮子室，当浮子室中的油面达到设定数值时，浮子带动针阀上升，针阀与针阀座形成密封工作面（封闭环带），阻止燃油继续进入浮子室。在发动机运转过程中，就是通过针阀与针阀座的不断分离和结合来控制浮子室中的油面处在设定数值范围内，以保证发动机在最佳状态工作。

2. 油面不正常的原因

（1）油面过低

化油器油面过低多是因为调整不当所致。有些骑乘者及维修人员为了追求车辆的燃油消耗量低，盲目将浮子调高使浮子室中的油面降低，利用发动机在相同的转速下吸入的燃油量较少来降低燃油消耗量，实际上此种方法是得不偿失的。

（2）油面过高

①针阀及针阀座封油工作面磨损。大量实践表明，以针阀的磨损最为严重。正常针阀通过本身渐进的斜面与阀座底端环带自动定心共同形成密封工作面，当针阀磨损后，在针阀的工作面形成切痕（出台），由于针阀与针阀座无法自动定心密封，燃油会继续流入浮子室，造成油面过高。

②更换配件不合适。针阀与导向套间的配合间隙为 0.10～

0.15mm，如果间隙太小，影响进油口的起闭，造成化油器油面失控，但此种故障现象较少；如果二者间隙过大，会造成针阀在上升过程中与导向套的中心线不重合，导致针阀在导向套中卡滞，针阀与针阀座之间不能自动定心形成密封工作面，造成油面过高，其间隙过大、过小的原因往往是更换的针阀不合适所致，因此在更换针阀时，一定要检查原针阀的长度和最大直径。

③燃油中杂质所致。如果燃油通道中的过滤装置损坏，会造成燃油在流入化油器浮子室的过程中杂质卡在针阀与针阀座之间，二者不能形成密封工作面，浮子室中的油面达到设定值时燃油会继续流入浮子室。

④浮子漏油。如果浮子密封不好，浮子室中的汽油会渗入浮子，造成浮子质量增加，油面达到设定数值时，浮子不能正常浮起，针阀不能关闭燃油通道，造成油面过高。

⑤其他原因。浮子转轴卡滞和因行驶路况差而过分颠簸等原因都有可能造成油面失控。

3. 油面不正常的危害

（1）油面过低

油面过低使混合气中汽油成分变稀，除启动困难、加油熄火、动力不足外，还有更为严重的问题：

①混合气在进入汽缸的过程中，汽油的进一步雾化会吸收一部分热量，降低活塞、缸体和缸盖的温度。而混合气太稀，会使发动机工作温度升高，降低机油的性能，加速机件的磨损。

②混合气太稀，混合气中汽油分子间距离变大，燃烧速度变慢，燃烧产生的热量大部分被活塞、缸体、缸盖吸收，造成发动机温度进一步上升，有时燃烧一直持续到下一个工作循环的进气冲程，造成化油器回火，发动机不规则燃烧，动力性降低，耗油量增多。

(2) 油面过高

油面过高一方面燃油会从化油器溢油管直接泄漏出去，造成燃油的直接损失；另一方面会造成混合气太浓，致使：

①混合气中的汽油雾化较差，大量汽油颗粒会冲刷缸壁及活塞表面的机油薄膜，加速机件的磨损。

②汽油不能完全燃烧，一部分汽油从排气口排出，遇到排气消声器中的炽热气体重复燃烧造成排气管放炮，耗油量大增。统计数据表明，油面过高时的燃油消耗量比正常燃烧时高200%～300%。

③不完全燃烧会产生大量积炭，加速活塞环的磨损；减小燃烧室容积，压缩比变大，发动机不规则燃烧，动力性降低；大量积炭于燃烧室内有可能成为炽热点，造成发动机不能熄火，对发动机带来极大损害。

④过浓混合气燃烧所排出的一氧化碳、碳氢化合物是正常燃烧时的2～3倍，是造成城市污染的重要因素。

化油器怠速系统的功用与调整

摩托车化油器的种类较多，怠速系统的构造不尽一样，怠速螺钉的调整方法也不相同，本文以BM021A三轮摩托车的化油器为例，阐述怠速系统的工作原理及正确的调整方法。

化油器作为一个精密计量装置，其作用之一是保证在发动机各个工况下都能提供合适空燃比的可燃混合气。考虑到化油器本身存在制造误差，发动机性能也有差异，加之气候条件不同等因素的影响，化油器本身带有多处可调整装置，怠速调整螺钉即是其中之一。通过它的配合调整可使发动机在怠速工况下的油耗降到最低，获得稳定的最低转速。但整个怠速系统的调整应考虑以下两个方面：

一是要满足动力性要求。由于摩托车化油器一般没有专门的加速装置，因此怠速系调整得如何，对过渡性和加速性均有直接影响。一般说来当发动机逐渐或突然增加负荷时，不应产生滞后或熄火现象。或者说，在怠速工况里，突然加大油门时发动机不能自动熄火。

二是要满足经济性要求。通过大量试验证明，摩托车化油器的怠速出油孔，在发动机所有工况里全都出油，即使在正常车速工况下，它所占的出油比例也很大。因此，怠速系统的调整对燃油经济性有直接影响。

BM021A 型摩托车化油器的怠速系统，怠速调整螺钉的圆锥面和空气孔道之间为一可变化的环形面积，这个环形面积越大，渗入的空气越多，对怠速油路的空气制动作用就越强，从而使怠速出油孔的出油量减少；反之环形面积越小，出油量越多。还可以看出，过渡孔的空气制动孔以及怠速出油孔之间形成了一个互相并联的管路，因此，环形面积的大小对过渡孔的工作状态也有直接影响。

我们曾做过统计测量，发动机在怠速工况下（每分 800～900 转），燃油消耗量在 200～400 毫升每小时的范围里，都可以保证发动机正常运转。因此，适当地调整怠速调整螺钉，可以使发动机在怠速工况里油耗适当下降，也可使发动机在常用车速工况里获得较好的经济性。

如果拧下怠速调整螺钉，这意味着空气制动孔的面积达到最大，而且又增加了一个直接通大气的更大的空气制动孔，这种情况下发动机仍能在各种工况下正常工作并且省油，就不属于正常现象，说明怠速系统一般化油比例过浓，化油器应进行修理或更换。

总之，怠速系统的调整，不仅要使怠速工况下处正常状态，同时要兼顾其他工况，这才是正确的调整方法。

摩托车无怠速是什么原因

摩托车启动后，油门把手不能完全放松，否则就会熄火，则称摩托车无怠速；若怠速忽高忽低，转速不稳，则称怠速不稳。

一般摩托车出厂时，已将怠速调好。若出现怠速不良，首先应按制造厂使用说明的规定要求进行反复调试。如经反复调试仍无法解决怠速不良，则可能有以下一些原因：

点火时间不准确，在怠速状态下使怠速不良。此时应按规定调整点火时间，使其准确。

发动机有漏气现象，此时应检查化油器与发动机的连接是否密封良好，火花塞与气缸盖、曲轴箱等密封是否良好。

火花塞工作是否正常、两极间的间隙是否对，调整两极间的间隙。化油器本身的怠速量孔是否畅通及空滤器是否畅通，应保证其通畅。

摩托车怠速过低的害处

一般来讲，125mL 排量的摩托车的怠速标准在 1450 转/min 左右，正负允许偏 500 转/min。但是，很多摩托车友喜欢将怠速调至 1200～1100 转/min，甚至调低至 900 转/min。确实，降低怠速可以在一定程度上节油，而且在热车状态下，怠速低一些几乎不影响车辆行驶。殊不知，这种做法却会带来很多危害。

怠速过低的害处有：

1. 由于怠速过低，油气混合比不理想，冷车启动较为困难，通常要拉阻风门加浓混合气，暖机的时间也相应较长。

2. 减速或停车时容易熄火，对于新手尤为不便。

3. 如怠速过低，当换挡时发动机的齿轮配合较为困难，顺畅性无法保证，易引起齿轮间撞击，磨损较大。

4. 加速时动力不足，无法正常发挥摩托车的性能。

5. 怠速过低的最大害处是机油泵无法正常工作，可导致发动机内部机件润滑不足，零件过早、过度磨损。

有人曾有一部进口原装新车，且本人爱车如命，呵护有加。但行驶约 18000km 后，发现气门异响。拆开发动机检查，发现凸轮轴和摇臂异常磨损，而唯一的原因正是怠速过低，花了近千元更换零件才将车修好。此后，再也不敢擅自调低怠速。若摩友为了每百公里节约 0.2～0.3L 汽油而调低怠速的话，很可能会导致不可预见的后果，花费将更大。

开摩托车怎样才能省油

摩托车省油有多种方法，如选购省油车型，采取省油的保养措施和省油的驾驶方法，以及适时更新旧车等。现谈谈驾驶中如何省油，以供读者参考。

摩托车冷启动后，待发动机运转 1 分钟左右，把阻风门手柄扳回全开位置。有的人喜欢把阻风门关闭一个角度，这样进入气缸的可燃混合气过浓，造成耗油量增加和发动机功率下降，有的人启动后即起步行驶，这样不但不省油，还加快了发动机机件的磨损。

起步。 应用低速挡起步，离合器接合前不踩油门，待离合处于半联动状态时慢慢放松离合器，同时徐徐开大油门，以适应发动机转速和起步的要求，使摩托车平稳地起步，否则发动机工作不连续，一松离合器即熄火，这样反复几次，耗油不少。

换挡。 掌握换挡时机，及时换挡。摩托车起步后，若路况平坦畅顺，必须迅速由低速挡依次换入高速挡。不要用低速挡猛冲或长时间行驶。当感到发动机动力不足，车速逐渐降低（例如上坡），原来的挡位不适合继续行驶时，应迅速换到低一级挡位。不要用高挡硬撑，使发动机过于吃力，也不要利用离合器半联动和加大油门的方法来提高车速。

行驶。　保持中速行驶（即经济车速行驶）。车速越高，空气阻力越大，耗油量增加。车速越低，相应的挡位也就越低，发动机的功率利用率就越小，因而驶过同样的路程所需的耗油量增多，另外，行驶中充分利用惯性也可省油：一种是快要停车时，不用制动器只利用摩托车的惯性，减油行驶一段后自动停车；还有一种是发现前方较远处有障碍物，就提前减速变空挡滑行，车到障碍物前时速度降低，就有可能应急处理，这样避免了用制动减速法消耗发动机的能量。

加速。　加速时不要把油门轰到底。只要达到你所需要的速度即为合适。有的人开车养成了习惯：上车轰两下空油，下车又轰两下空油，甚至用轰油代替喇叭声。这样不仅大大消耗汽油，而且会加快机件的磨损，增加发动机的噪声。

胎压。　合理的轮胎气压是省油驾驶的重要因素，摩托车轮胎气压应符合说明书中的规定，如果气压不足，轮胎就会因变形产生不必要的能量消耗，使油耗上升。所以每次行车前，特别是长途行驶前，最好检查一下胎压是否正常。

降低摩托车油耗十法

摩托车耗油率的高低，除受发动机性能影响外，还与日常维护等因素有很大关系。现将降低摩托车油耗的措施介绍如下，供广大摩托车手参考：

1. 保持正常的气缸压力。气缸压力与气缸密封性能密切相关。如果气缸压力低于标准值的50%，就必须及时修理，否则会增加油耗，降低发动机的动力性与经济性。

2. 保持空气滤清器性能良好。保持空气滤清器较高的滤清能力和较低的空气通过阻力，对降低油耗起重要的作用。

3. 合理调整化油器。化油器是摩托车燃油系统的关键部件，对整机性能有重要影响，与燃油消耗有直接关系。调整化油器要保证可燃混合气浓度合适，发动机怠速运转平稳。化油器的工作正常与否，可通过观察火花塞的颜色进行判断：如果火花塞心部呈红褐色，则说明化油器工作正常，可燃混合气浓度合适，燃烧完全；如果火花塞心部有油渍或积炭，则说明供油过多，可燃混合气过浓，应予以调整。

4. 避免油路渗漏。应经常检查和维修油路，防止渗漏。停车应关闭油箱开关，防止燃油流入变速箱。

5. 使用符合要求的润滑油。使用不符合要求的润滑油，既降低了润滑效果，缩短机车的使用寿命，又会使油耗增加。另外，在冬季使用夏季用的润滑油，也会使汽油消耗增加4%以上。

6. 选用规定型号的火花塞。不同型号的火花塞适用于不同型号的发动机。车手应按发动机说明书选用规定型号的火花塞，不能用不同型号代用。如果选配不当，也会增加油耗。同时，应适当调整火花塞的点火间隙。点火间隙过大，发动机低速运转时易熄火；点火间隙过小，则火花弱，发动机不易启动，转速不稳，且易产生积炭。进入冬季，车手应换用热型火花塞，以便启动，并可使燃烧更加完全，有利于降低油耗。

7. 保证点火时间合适。点火装置是机车电路中的关键部件，应能随发动机转速的增加而相应提前点火。点火时间过早或过迟，都会增加油耗，降低功率，从而影响整机性能。如果发动机有爆燃现象，则说明点火时间过迟。

8. 保持前后轮轴承间隙和轮胎气压合适。前后轮轴承间隙和轮胎气压关系到摩托车受到的行驶阻力。如果轮胎气压过低，则滚动阻力增大，增加油耗。

9. 保持传动系统性能良好。保持传动、变速装置润滑良好，链条清洁，紧度合适，制动间隙适当。

10. 保持在经济车速下行驶。启动机车时不要连续轰油门，而且加速时要缓加油门。在道路良好、条件允许的情况下，尽量采用高档小油门行驶。

旧摩托车省油十法

骑"年龄"稍大的摩托车，燃油消耗较新车偏大，这是因为旧车和新车的工作状态不一样。若骑手把自己的旧车和刚买时的新车相比较（或与说明书上的标准油耗相比），会准确判断耗油量的大小。当你的车现在的耗油量比用油量最少时要多10%以上时就可以认为汽油消耗量偏大了。此时，你可以从以下方面检查，确保你的摩托车省油。

1. 检查轮胎磨损是否超出规定值。当轮胎磨损过大，摩擦力变小就会使轮胎打滑，白白消耗汽油，必要时，可更换新的轮胎。

2. 行驶中滑行距离（指松开油门）明显缩短。这时应该检查一下车胎，看它的气压是否符合规定的气压标准。当轮胎气压变小时，会出现油耗增大问题，这时，只需给轮胎充足气，达到标准气压即可。注意：不要充气过量，否则会爆胎！

3. 行驶中前、后轮有异常响声。这时应该立即停车，看前、后轮的轴承及制动系统是否有故障。不正常转动的轮子会产生阻力而影响车速，加大汽油消耗，如有新的配件则应换上新配件，确保它能保持良好的状态，以便正常行驶。

4. 火花塞使用时间已经很长或已超过 3 万公里时，这时应考虑及时更换火花塞。因为超过使用寿命的火花塞会使点火的量下降，致使车子提速变慢、怠速降不下来，汽油消耗明显增加。

5. 排气管冒黑烟，油耗变大。这时可以检查化油器，看化油器是否太脏。如果化油器太脏可以用化油器清洗剂直接向化油器进气口喷一喷，就可解决问题，如果还冒黑烟，必须把化油器拆开清洗。如果空气滤清器滤芯太脏了也会出现冒黑烟现象，使油耗增大。所以，对空气滤芯应在 2 个月更换或清洗一次。

6. 离合器打滑也会使油耗增大，这是因为从发动机传递的转数经过离合器后丢转了。当急加速时能看见发动机转速表增加很快而车速增加很慢时，就可以判定离合器打滑了。解决的办法是更换离合器片、离合器压紧弹簧。

7. 当车子行驶二三万公里时，会出现汽缸压力不足的现象。这时机油消耗会明显增加，出现这种故障时，发动机就需要大修了，应镗缸或更换活塞、活塞环。

8. 如果你的爱车是水冷发动机，那么车上的温控开关和节温器损坏时会使水温降低，发动机在低温下工作达不到额定温度，因此，汽油消耗量也会增加。只要注意水温表的显示位置是否在正常位置即可发现问题。如果有问题，就应更换温控开关和节温器。

9. 有启动加浓阀的摩托车还应检查一下电动加浓阀的工作状态。如果摩托车启动之后 4～5 分钟，加浓阀还是处于加浓状态不能归位的话，就应该仔细检查调整了，一般车的启动加浓装置在摩托车启动后 30 秒就会自动关闭。这样才能达到启动时加浓混合气、正常运转后省油的效果。

10. 空气滤清器要经常清理使之保持畅通。现在摩托车多使用聚氨脂发泡海绵（少数用纸心）式空滤器，每行驶 4000 公里要用汽油清洗聚氨脂发泡滤心，并涂上机油。用纸质滤心的，一定要将其取下用压缩空气吹净尘土。只有清洁的滤芯才能使充足的空气进入汽缸参加燃烧，达到节省燃油的效果。

摩托车耗油量大怎么办

正常情况下，摩托车的耗油量一般都在说明书规定的范围内。由于使用保养或调整不当，往往造成耗油量成倍增加。当发现车子耗油量过大时，请做以下检查。

火花塞电极有积炭，间隙不正确。因为进入气缸的混合气靠火花塞电极点火才能燃烧，如果电极部位有积炭或间隙过大过小，造成点火忽明忽暗，进入气缸的混合气就不能完全燃烧，而发动机又能勉强发动，但燃油消耗就可能增加。特别是烧混合油的二冲程发动机，火花塞容易产生积炭，应定期清除。

点火时间过迟或过早。点火时间过早，混合气提前燃烧，活塞上行受到阻力，消耗了部分有效热能，导致发动机功率下降，燃油消耗增加；如果点火时间过迟，活塞已经下行才点火燃烧，混合气来不及完全燃烧就被当作废气排走了。因此，要按说明书规定的点火提前角度和调整方法仔细调整。

燃油标号过低。使用辛烷值过低的汽油，燃料消耗量就易增大。一般来说，辛烷值高的汽油，燃烧性能好。因此，应按说明书规定燃油号数，正确选用燃油。

排气管和消音器堵塞。这个问题往往被驾驶员忽视，特别是使用混合油的二冲程发动机，如果汽油与机油配比不当，若机油比例加大，因其不能燃烧，过多的机油变成黑色胶质物沾附在排气管道和消音器内壁，造成排气不畅，耗油量增大。因此，要定期清除排气窗口、管道及消音器内壁的积炭和胶质物。

空滤器污物多或阻风门开度小，使汽油与空气不能很好的混合，燃油不能完全燃烧。因此，要定期清洗空气滤清器，行驶中应将阻风门拨回原位。

化油器针阀位置过高。有的驾驶员为了提高车速，随意将化油器针阀提高，导致化油器主量孔油量增大，使车辆低速不稳、耗油量增加。因此，不要随意提高针阀高度。

化油器漏油。有些车子，化油器时常滴油，但又不是很严重。俗话说："滴水成河"，时间长了，燃油损耗就大。化油器漏油的原因较多，最常见的是使用不洁净的汽油和机油，使化油器浮子附上一些金属杂质，浮子不能浮起，进油针阀不能关闭进油道，当车子停下来后，漏油更加严重。有的驾驶员只顾车子能发动，油箱开关停车关闭起车打开，似乎不漏油，但不解决根本问题，关键是发现问题及时修理。

长时间高速行驶。发动机标定耗油量是指发动机的最佳转速下的耗油量，一般说明书都规定有经济车速，超过该车速耗油量就会增加。所以，应注意使用经济车速。

停车时未关油箱开关或油箱盖密闭不严。化油器上有 1～2 个小通气孔，正常情况下这些小孔是不漏油的，但汽油容易从这里挥发。因此，停车时要注意随手关闭油箱开关。经常检查油箱盖是否盖好，失落或破损应及时换新盖，不可用棉纱或纸团代替油箱盖。

摩托车慎用低标汽油

有关专家提醒广大摩托车用户，现在许多国产车辆的压缩比（即汽缸最大容积与最小容积之比）大大提高，高压缩比的车辆应使用高标号汽油。

汽油标号偏低，会使车辆加速受到影响，甚至对发动机造成损伤，需要进行解体维修。用高标号汽油能够节省用油3%～5%，加上减少了维修费用，较用低标号汽油还要划算。

选择汽油是不是标号越高越好

汽油标号是标定燃油抗爆震能力的系数，与汽油的清洁度无关。

燃油标号即辛烷值是一单调上升曲线，与压缩比之间无函数对应关系。燃油标号越高，油的燃烧速度越慢，燃烧爆震越低，发动机需要较高的压缩比；反之，低标号燃油的燃烧速度较快，燃烧爆震大，发动机压缩比较低。

低标号汽油燃烧速度快，点火角度要滞后；高标号燃油燃烧速度慢，点火角度要提前。

除说明书以外，主机厂会在油箱盖内侧标注推荐使用的燃油标号。

主机厂推荐的燃油标号完全可以满足发动机的使用要求。

如果在外地加油，可以添加高一级标号的燃油，避免低辛烷值燃油损害发动机。

北京市场上出售的汽油都是无铅汽油，有90、93、95、97等标号。这些数字所标定的就是汽油的辛烷值，代表汽油的抗爆性，与汽油的清洁程度毫无关联。车主加油时不要受"高标号的汽油更清洁"的误导，根据发动机的压缩比或遵循汽车、摩托车使用说明书上的建议添加汽油，更科学、更经济，能充分发挥发动机的功率。

汽油抗爆性的评价指标是辛烷值，即汽油的标号。它是实际汽油抗爆性与标准汽油的抗爆性的比值。标准汽油是由异辛烷和正庚烷组成。异辛烷的抗爆性好，其辛烷值定为100；正庚烷的抗爆性差，在汽油机上容易发生爆震，其辛烷值定为0。如果汽油的标号为90，则表示该标号的汽油与含异辛烷90%、正庚烷10%的标准汽油具有相同的抗爆性。

从经济性上来看，炼油时提取高纯度的异辛烷做汽油用是非常不划算的。一般是提取含有一定纯度的异辛烷的多组分烷烃再加入抗爆添加剂，这样可以明显提高汽油的抗爆性。我们可以形象地称之为“勾兑”。

发动机在设计阶段，会根据压缩比设定所用燃油的标号。压缩比是发动机的一个非常重要的结构参数，它表示活塞在下止点压缩开始时的气体体积与活塞在上止点压缩终了时的气体体积之比。从动力性和经济性方面来说，压缩比应该越大越好。压缩比高，动力性好、热效率高，车辆加速性、最高车速等会相应提高。但是受汽缸材料性能以及汽油燃烧爆震的制约，汽油机的压缩比又不能太大。

简单地说，较高的压缩比可以使用较高标号的燃油。燃油标号越高，油的燃烧速度就越慢，燃烧爆震就越低，发动机需要较高的压缩比；反之，低标号燃油的燃烧速度较快，燃烧爆震大，发动机压缩比较低。

燃油的标号还涉及到发动机点火正时的问题。低标号汽油燃烧速度快，点火角度要滞后；高标号燃油燃烧速度慢，点火角度要提前。例如一台发动机按照说明书要求应添加93号汽油，现在加入了90号汽油，需要使用正时灯，调整点火提前角滞后一度到两度。如果不听从主机厂的建议，使用低标号燃油，又不进行点火时间的调整，可能会造成发动机启动困难；加速时，发动机内有清脆的金属碰撞声音；长途行车后，关闭点火开关时发动机抖动或不停止运转。

那么选择汽油是不是标号越高越好呢？也不是。汽油标号选择的主要依据是发动机的压缩比。压缩比、点火提前角等参数已经在发动机电脑中设置好了，车主只要严格按照使用说明的要求选择汽油就绝对没有问题。盲目使用高标号汽油，不仅会在行驶中产生加速无力的现象，而且其高抗爆性的优势无法发挥出来，还会造成金钱的浪费。

摩托车加油切勿溢出

每到盛夏，都会因车辆加油不慎而引发一些安全事故。技术专家给司机朋友提醒：

1. 摩托车加油时谨防溢出

摩托车油箱在发动机上，而且容积较小，加油时，稍一疏忽就会发生溢油。汽油向下流到排气管上，会因高温而引燃；流到发动机火花塞等处，启动时电火花也会引起燃烧。

因此，摩托车车主最好准备一块干抹布，随时擦净溢油，并等几分钟，待溢油蒸发后再启动。

2. 不能用塑料桶（壶）盛油

如今，各加油站都规定不给塑料桶（壶）加油。原因是石油产品导电率极低，在加油过程中，汽柴油因流动与容器壁摩擦，极易产生大量静电，而塑料桶（壶）又不导电，静电聚积，易引起油品燃烧。

有些家庭喜欢在家中储一些汽油、香蕉水，用来洗涤油污，但高温天气极易导致它们挥发，因此最好不要放汽油在家中。

3. 加油站不能打手机

现在加油站都有“禁止打手机”的标志，但许多司机不以为然。据介绍，加油站加油过程中会产生油蒸气，汽油油蒸气只需要 0.2 毫焦的能量（相当于一枚大头针从 1 米高处落在水泥地上产生的能量)，就能引起油蒸气爆燃。手机在接通时，铃声和通话时电流震动，产生的电火花能量一般都大于0.2毫焦。

4. 油箱不要装太满

在夏季，将油箱装得太满，车辆在行驶途中，所装油品因受热造成膨胀，会从油箱盖通气孔溢出，极易造成火灾危险。

防止油箱被腐蚀一法

一般铁制的摩托车油箱内壁长年与汽油接触，由于汽油内含有一定的微量水分以及一些有腐蚀性的物质，能与铁产生电化学反应。天长日久，油箱就会被慢慢地腐蚀而穿孔。如果在油箱里放置一块锌皮（普通干电池的外壳)，这样，由于锌的化学性质比较活泼，故造成腐蚀的电化学反应将不再与铁发生转而同锌发生，这样就能有效的保护油箱不被腐蚀。这就像大家平时所见到的铁船闸上钉的锌板，电热水器里的镁棒一样，都是利用了锌与镁的活性来达到保护铁的目的。在油箱内放置锌皮后，大家在清洗油箱时会发现铁锈大为减少。

普通摩托车如何改制应对乙醇汽油

目前，河南、山东、湖南、湖北等地区，根据国家的要求正在逐步推广使用乙醇汽油，尤其是河南省，自2005年8月开始封闭使用乙醇汽油。许多摩托车用户在购买使用了乙醇汽油后反映，摩托车出现起动困难、动力不足、化油器浮子烂、油箱开关和油位传感器浮子损坏等故障。那么，普通摩托车必须对车辆做怎样的调整改制之后才能使用乙醇汽油呢?

1. 乙醇汽油的特点

车用乙醇汽油是指在汽油组分油中，按体积比加入一定比例（一般 10%）的变性燃料乙醇混配形成的一种车用燃料，它是汽油发动机专用的一种新型的环保燃料。在汽油标号前加写“E”作为车用乙醇汽油的标号。目前推广使用的 E90# 和 E93#，E95#，E97# 也将逐步推广使用。

10%（V）乙醇的汽油比普通汽油吸水性强，如运输工具不够密封，则 48 小时后含水量会增加一倍。乙醇汽油如过多与水接触，则乙醇易被分离出来，引起乙醇汽油辛烷值下降，所以产品储存不应超过 7 天。

车用乙醇汽油具有微腐蚀性，因乙醇中油微量有机酸能引起紫铜明显腐蚀，而对其他金属 Mg、Ai、Pb、Pb 包装的铁油箱都有微腐蚀。Ni 具有抗腐蚀性，所以可以做化油器部件内衬，或加缓蚀防腐剂。

车用乙醇汽油会使氯化丁晴橡胶、氯化苯醚、丁基橡胶、聚氨酯等溶胀及龟裂。而顺丁橡胶、丁晴橡胶、硅橡胶、氟橡胶、尼龙、聚四氟乙烯、缩醛树脂抗乙醇汽油溶胀。

2. 摩托车供油系统的耐乙醇汽油特性

洛阳北方易初摩托车有限公司对其生产的系列弯梁摩托车供油系统做了耐乙醇汽油 288 小时的试验，其中包括化油器、空滤器、油位传感器、油箱开关、汽油滤清器、输油管、各 O 型圈等能直接接触汽油的零部件。

试验结果证明，一般摩托车使用的以上零部件在经过乙醇汽油浸泡以后，都出现不同程度的溶胀现象，严重的已出现损坏现象。所以，摩托车供油系统如果不对零部件所使用的材料进行改进，则不适合使用乙醇汽油。

3. 摩托车用户需进行的调整措施

乙醇汽油将在缓解我国石油紧缺、促进农业生产良性循环以及保护环境等方面起到积极的作用。乙醇汽油在世界许多国家成功推广的事实更坚定了我国加大推广的力度和决心，今年开始，我国已经扩大了使用乙醇汽油的地区。但是，摩托车用户如果未对自己的车辆做过适应性的调整改制，那么在使用乙醇汽油的过程中就会出现许多问题，所以摩托车用户在使用乙醇汽油时可以参考以下建议：

（1）把在用摩托车的供油系统中不能够耐乙醇汽油的零部件更换成材质好、耐溶胀的，或备足配件，一旦发现有溶胀变形时，应及时更换。

（2）由于乙醇汽油清洗性极强，发动机供油系统包括油路、油箱内壁的原有胶质、铁锈等杂质都会清洗入乙醇汽油中，使汽油滤清器、化油器量孔等被杂质阻塞，造成摩托车起动困难、无高速、加速性差等问题。所以，在用摩托车第一次使用乙醇汽油前必须彻底清洗供油系统和油箱。

（3）乙醇汽油中的乙醇具有亲水性，可以任意比与水混合，如果未能充分除去油箱中的水分，那么，在用摩托车首次加入乙醇汽油时，积存在油箱底部的水就会与乙醇混合，造成油品水分超标。另外，摩托车用户在购买乙醇汽油时应适量，否则一旦油箱密封不严或储存时间过长，极易造成含水量增加，引起乙醇汽油辛烷值下降，产生不易点火或动力性不足等现象。

（4）对在用摩托车的化油器可适当调浓可燃混合气的混合比，以提高车辆的动力性和经济性。

（5）燃用乙醇汽油时的发动机怠速明显低于纯汽油，所以需要适当调整发动机怠速，使摩托车能够顺利起动。

（6）由于乙醇的辛烷值提高，燃烧速度加快，有条件的用户可根据车型车辆的不同特点，对点火时间略作调整，一般调整量为 2～5 度。

（7）准备购买摩托车并使用乙醇汽油的用户，一定要选择具有耐乙醇汽油特点的供油系统的摩托车。

选用机油时必须遵守的几个原则

1. 二冲程与四冲程摩托车所用机油不能随意混用

摩托车所使用的机油分为二冲程机油和四冲程机油两大类。由于二冲程发动机与四冲程发动机的润滑方式不同，二冲程发动机的变速箱可以选用四冲程所用的机油，但与汽油混合燃烧的机油一定要用二冲程机油。摩托车发动机不宜选用汽车专用机油，应选用专为摩托车设计生产的机油。因为摩托车专用机油含有大量促进添加剂，以适于摩托车发动机恶劣的使用条件。

2. 要使用纯正机油

实践证明，使用非正牌机油，往往使发动机产生运转不畅，排气管冒黑烟甚至粘缸，造成不必要的损失。所以，在选购机油时最好到正规的商店购买正牌机油。市场上销售的一些高级机油，除了它的品位较高外，它的适应转速往往也是高的，所以，在选购时，要认清其使用性能和适应车辆。一般来讲，选购摩托车厂家所指定的机油比较经济实惠。

3. 在补充或更换机油时切勿让杂质进入机油

暴露在外的油箱会经常有泥土、灰尘、水分的积聚，在开启油箱盖时，一定要用干净的布将油箱盖周围擦干净，以避免加油时杂质进入影响机油的品质。如果有硬的杂质进入，它会加大机油泵的磨损，也影响油路的通畅，如有微小颗粒进入还会加大发动机内部的磨损，降低发动机的使用寿命，如果有水分进入机油，会加速机油的劣化，直接影响机油的功能。

勤换机油保平安

众所周知，机动车的发动机是由许多金属部件相互组合而成，以杠杆原理运动产生动力，因此运动时各部件不断地进行着摩擦运动。机油在这些摩擦运动中以油膜的形式使两个金属面浮离，从而降低部件磨损，减少摩擦而造成的运动力损耗，这是机油在润滑中最重要的功能。同时，机油产生的油膜充分分布于部件接合面的缝隙中，能使活塞环与汽缸保持密封而不漏气，并且可缓冲各部件间的撞击、震动，降低由此产生的噪音。

发动机运转时会因高温燃烧形成积炭，阻塞润滑油路应有的掀起环功能。严重时可将活塞环卡死，造成发动机严重磨损，使性能大减。这时，机油就会将积压炭清洁并使之均匀分解而不结块地悬浮于其上，流回油底壳中。这就是机油使用一段时间后会变黑的根本原因，这也说明您所使用的机油清洁与分解的效果极佳。此外，机油在发动机润滑系统中不断循环还可将发动机运转过程产生的热量带走。

由此可见，机油在润滑过程中不仅对发动机起到了密封、清洁、散热作用，还具有防止部件生锈等功能。因此机油是让您的爱车历久长新、动力澎湃的“生命线”，望朋友们万万不可为节省一时的小钱，而得不偿失。

怎样判断机油变质

首先看其是否失去了润滑性。如机油发生乳化，乳化的原因是机油中渗进了大量的水或冷却液，经曲轴旋转的搅拌而产生乳状液体。出现这种情况应停机找出气缸体内漏点，若是在非摩擦表面，可以经焊补后继续使用，若是气缸壁就不好修补了。

其次是确定机油是否老化。方法是观察机油尺沾出的油滴。透亮为正常，油滴中间呈暗黑色，而油滴四周为透明，则为半老化，油滴完全呈黑色，说明机油已经老化，不能再继续使用。

机油酸化。机油酸化指的是机油中含酸量增加，原因是废气下窜到曲轴箱内，二氧化硫等燃烧物与水分混合成硫酸等酸类，腐蚀摩擦表面，特别是腐蚀轴瓦。当拆解轴瓦时就可以看到大量轴瓦表面剥落。遇有这种情况，一是更换机油，二是检查曲轴箱通风是否正常。

机油稀释。机油稀释指的是润滑油中混进燃油，使机油的粘度大大降低。出现这种情况的原因是发动机长期处于低温工作，混合气下窜。解决的办法就是找到燃油与机油混合的途径。

摩托车添加润滑油应注意的事项

1. 润滑油添加要及时。 如不及时添加润滑油，发动机油面过低，将会导致发动机油温过高，造成润滑不良。此时摩托车上下坡或在盘山公路行驶，会使机油过滤网露出油面，机油泵吸入空气而中断供油，造成拉缸、烧轴等严重事故。故当摩托车发动机机油在下刻线时应及时添加润滑油。

2. 润滑油添加不要过量。 如果添加过量，发动机运转时容易使润滑油窜入燃烧室，甚至从排气管喷机油，导致未燃烧完的机油在活塞顶部、气门座及气门油封上产生大量的积炭和胶质物，加剧机械零件的磨损，甚至造成活塞环、活塞和凸轮轴过早损坏。因此，应严格控制润滑油在油标尺的上下刻线之间。

3. 新旧润滑油不要混合使用。 旧机油中有大量的金属屑、胶质及氧化物，与新机油混合使用会降低新机油的使用效果和使用时间，且易造成油道堵塞、机件磨损。因此，新旧机油切莫混合使用。

4. 润滑油加注前要清洗发动机。　因机器长期运转，会产生金属屑沉积在发动机内，堵塞机油滤网、机油泵、油道。所以，在每次加注新机油前应先将发动机预热 5 分钟，放出旧机油，再加入 1 升柴油或煤油，发动机怠速运转 3 分钟，放出柴油，再加入一点新润滑油洗掉发动机内的柴油，然后加注新润滑油。如此，可以冲洗掉金属屑、胶质，保障油道的畅通。

5. 添加要及时。　有的摩托车驾驶员，在行驶前检查机油时，虽发现机油在油标尺刻度线以下，但为抢时间或因缺少机油，就不及时添加，凑合着行驶。结果因油底壳的油面过低，摩托车在下坡、过坎刹车时，机油集滤器露出机油面，造成“烧瓦”、“粘锅”等严重事故。因此，当油底壳油面低于油标尺刻度线，就应及时添加。

确保摩托车润滑到位的小措施

为防止摩托车在初驶期间润滑不能到位，损伤或损坏发动机，生产厂家要求消费者在驾驶摩托车行驶最初的 1000 公里内，在加注汽油时要按一定比例掺入二冲程专用润滑油，以确保发动机能够得到良好的润滑。这给消费者带来诸多不便，一是每次加注汽油时要按一定比例掺入二冲程专用润滑油；二是不太好掌握掺入汽油里的润滑油比例。在售出新车时，对发动机润滑系统的检查和调试作些改进，使摩托车投入使用后，润滑系统能够保证润滑到位，消费者不必在加注汽油时再掺入润滑油，方便了消费者。

具体做法是：

1. 先向机油箱注入二冲程专用润滑油。

2. 旋下机油泵放气螺钉，待流出的润滑油中不再含有气泡时，装回并旋紧放气螺钉。

3. 拔下机油泵输出油管，用手按摩托车前进方向转动车后轮，直至机油泵油嘴泵出润滑油。

4. 使用一次性注射器，吸取 5 毫升左右二冲程专用润滑油，经机油泵输出油管推入发动机曲轴箱内，然后插回输出油管。经实践检验，收到了很好的效果。

如果将发动机保护神和二冲程专用润滑油按比例混合后再推入发动机曲轴箱，效果则要更好。发动机容易启动，噪音小，怠速稳定，马力增大，提速快。

怎样鉴别机油中含水

按规定，机油中允许的含水量应在 0.03％以下。当含水量超过 0.1％时，机油的添加剂抗氧化剂、清净分散剂等就会失散，因而加速机油的氧化过程。而机油氧化生成的有机酸和发动机排出废气中的酸性氧化物与水发生反应，又生成无机酸。这些酸性物质又增加了对发动机的腐蚀。机油中含有较多的水时，机油润滑性变差，粘度下降，轻则导致机油过早变质和机件生锈；重则引起发动机抱轴、烧瓦等严重机械事故。

那么机油中含水又如何能鉴别呢？

观色法。　清洁达标的机油呈蓝色半透明状。机油中有了水则呈褐色。当发动机运转一段时间后，机油呈乳白色，并伴有泡沫。

燃烧法。　把铜棒烧热后放入被检查的机油中，若有“噼啦”响声，说明机油中含有较多的水。也可将检查的机油注入试管中加热，当温度接近 80℃至 100℃时，试管中产生“噼啦”声，则证明机油中含有较多的水。

放水法。发动机停机后，让发动机静止30分钟左右，松开放油螺塞，如有水放出来，则说明机油中含有较多的水。

如何使燃油磁化

摩托车使用的燃油，如果磁化后在化油器中容易雾化，在气缸中燃烧要更充分些，不仅可以提高发动机的功率，而且可以节约燃油，降低废气污染。使燃油磁化的方法有以下两种：一是在油箱开关和化油器之间的油管某处设置一对磁铁，使磁铁N、S极相对。另一种方法是取环形磁铁数块，让油管在磁铁上绕几圈，当燃油从油管通过后，即可被磁化。需要提醒注意的是，安装磁铁时，应将磁铁安装在油管的非磁性体部位，以免影响磁化效果。另外，磁铁不要离热源太近，应尽量靠近化油器。安装磁铁前，还应将气缸内积炭清除干净，以提高使用性能。

如何正确选择轮胎

耐磨性：在选择一个轮胎时，其耐磨损性是一个重要的考虑因素。软材质轮胎可以获得较大牵引力，但其磨损很快；而硬材质轮胎损坏较慢，但其抓地性能较差。制造商在设计摩托车轮胎时通常考虑众多影响因素以使轮胎可以在抓地性能和可以行驶的里程之间获得一个最佳平衡点。

在摩托车轮胎的众多影响因素中最关键的要数摩托车驾驶者了。而轮胎气压不足是轮胎损坏的最重要的影响因素，由摩托车轮胎维修点的统计资料可以发现，85％的轮胎损坏是因为轮胎气压不足而引起的，其不仅使摩托车驾驶更为危险，同时也使轮胎寿命降低20％～40％左右。因此在为轮胎充气时，最好按照轮胎制造商在轮胎胎侧上所标注的最大气压来充气，而不要根据摩托车制造商在摩托车使用说明书上所标注的最大气压来充气，这样才能使轮胎获得最佳的使用性能。

其次，不同的驾驶方式也会使轮胎产生不同的磨损。对于巡航摩托车来说，由于摩托车大部分的重量都落在后轮胎上，同时大多数驾驶者在行驶中更习惯于使用后制动来使后轮胎承载摩托车行驶所需要的大部分牵引力和制动力，因此其后轮胎通常磨损得较快；而对于激进狂野的摩托车驾驶者来说，其在转弯时通常制动较迟并使用前制动从而使其以较高的速度“冲进”拐角内，这样其前轮胎则需要承载更多的抓地性能和制动力，因此其前轮胎通常损坏得较快。轮胎制造商通常将后轮胎胎冠花纹深度设计得大一点以使前后轮胎在差不多时间损坏。建议您在更换您的摩托车轮胎时最好同时更换前后轮胎以保证前后轮胎的牵引力均衡，此外，在更换您的摩托车轮胎时最好更换使用新的轮胎气嘴。

轮胎规格：许多摩托车驾驶者喜欢给自己的摩托车装上一个更平更大的轮胎，其实际上并不是一个很好的方法。首先，轮胎的大小设计需要考虑到摩托车挡泥板和悬挂等零件的清洗能力，此外，摩托车制造商花费了大量时间设计和测试后选定的轮胎尺寸规格应该是最佳的，其应该最适用于您摩托车的悬挂系统。而随意地改变轮胎规格可能会起到相反的作用，其会影响摩托车的驾驶性能、操纵性能以至会导致摩托车驾驶的不安全性。

在轮胎花纹深度降低到 1/32 英寸时，请一定更换使用新的合格的轮胎。如果你的摩托车轮胎不幸被刺穿而漏气的话，那么最好更换使用新的轮胎。当然，如果轮胎刺穿地方是在胎冠中心的话，是可以修复的；但如果轮胎被刺穿地方是在胎侧附近的话，那么务必要更换使用新轮胎。

价格：摩托车轮胎的价格通常比汽车轮胎价格要昂贵许多，对此，你可能会非常困惑。其原因很多：（1）摩托车轮胎的工艺要求更严格，因为每平方英寸面积的摩托车轮胎行驶面比每平方英寸汽车轮胎行驶面相比：①产生的马力更多；②在车辆转弯和制动时产生的应力更多；（2）摩托车轮胎大约有9种不同的组成成分，而汽车轮胎仅有2种或者3种不同的组成成分；（3）摩托车轮胎需要可以适用很多种类的摩托车，因此其需要进行比汽车轮胎更多的各种测试；（4）轮胎制造商所制造的摩托车轮胎数量没有汽车轮胎数量多，其经济比例不如汽车轮胎，比如轮胎制造商每年只能安排每年某周或者某月来生产某种规格的摩托车轮胎。

摩托车轮胎常识知道得越多，那么在购买或者维修摩托车轮胎时，就会知道如何去购买您所满意的摩托车轮胎以及如何将摩托车轮胎维修得更好。

轮胎充气莫马虎

轮胎是行走系统中至关重要的一环，无论是支撑整车、加速，还是减速、制动，最终都要靠轮胎来实现。合适的胎压对于轮胎性能的发挥是关键因素，那么，如何给轮胎充气呢？

轮胎充气看似简单，但实际却有许多讲究，如果错误操作，会直接影响轮胎的使用寿命，甚至在操作中损坏附件，带来不必要的麻烦。

首先，充气的时机要合适。应该选择冷车时充气。因为车辆行驶中，轮胎会因滚动摩擦生热，导致胎温上升，并使气压升高。这时测得的胎压是有“水分”的。

其次，要保证充入的气体清洁，不得混入油污和水分，否则，进入胎内的杂质会腐蚀轮胎内里，降低轮胎的可靠性。在这一点上，尤其要注意尽量不在公路边的小修理铺充气。还有，在充气前应将气门嘴上的泥土、灰尘等擦干净。

再次，气门嘴是易损件，容易脱丝漏气。所以，尽量不要松动或取出气门芯，而应当靠气压实施充气。

充气完毕后，可以蘸些口水涂在气门嘴上，如果有气泡鼓出，就证明气门嘴存在漏气。反之，可以拧紧气门嘴帽，防止泥沙等进入气门嘴内，充气完成。

延长轮胎使用寿命一法

摩托车的外胎在长时间使用过程中，由于公路都是中间高两侧低，而摩托车都是靠右行驶，从而造成轮胎的左侧比右侧磨损大。为延长外胎的使用寿命，可将外胎定期卸下将其反转，让其原来的左侧面成为右侧面。同理，将内胎定期调换使用位置也可延长其使用寿命。

轮胎突爆急救法

驾车出行，轮胎突然爆裂了，该怎么办？经验表明：轮胎突爆并不可怕，可怕的是不知道如何正确排除险情！

轮胎突爆，理想之中的做法是让车迅速停下来，但绝非易事。有的驾驶员索性采取紧急制动措施，孰不知，这样做十分危险，常常节外生枝，极易造成翻车或撞车伤亡事故。下面为大家介绍两种不同情况的应急处理方法：

1. 若为后轮胎突爆，车辆会出现较大颤动，但轮胎倾斜度不会太大，方向也不会出现较大摆动，这时，只要轻踩制动，让车辆缓缓停下来，就不会出现意外。

2. 若前轮突爆，车辆则会立即出现跑偏或严重摇摆。此时，不要惊慌，应双手用力控制住方向盘，放松油门踏板，让车辆沿原行驶方向继续行驶一段路程，使之自行停车。切忌紧急制动，否则会酿成翻车或撞车等事故。

掌握了上述两种应急的方法，在轮胎突爆后，就不会出现大的问题。希望驾驶员朋友谨记！

夏季防爆胎有妙招

夏季行车，天气炎热，机动车轮胎升温快、散热差，高温将加速轮胎橡胶的老化和胎体恋线强度下降，流动中轮胎在承受载荷时易爆破，爆胎的比例明显高于其他季节，因此而引发的交通事故也时有发生，故夏季行车要正确掌握胎温胎压，防止和减少爆胎，以确保行车安全。

根据多年来笔者掌握的爆胎事故备忘录显示，夏季，尤其是高温天气行车防爆胎是有妙招的。

1. 驾驶员要改变传统经验的做法

有些驾驶员在途中发现轮胎烫手，即采取放气降压降温以防爆胎，这样不但不能起到降低胎温的作用，反而会造成轮胎早期损坏。因轮胎工作时会产生多次重复的周向变形，使轮胎内部材料之间、轮胎与路面之间、轮胎与压缩空气之间发生相互摩擦，导致过程生热，使胎体内温度逐步升高，胎腔内气体膨胀气压升温，这时放气只能是暂时降低胎温，反而会造成轮胎缺气行驶，使轮胎高温胎肩脱空、胎体脱层，缩短使用寿命。也有一些驾驶员为了超载的需要，将轮胎气压超标准提高，致使刚性加强，加大了爆胎的频率，故降压与增压都不可取。

2. 巧用“湿手背测量法”

夏季行车应增加停歇次数，经常检查轮胎和了解胎形变化，发现轮胎烫手，应立即将车停放在荫凉处休养，这样既可以使轮胎得到自然降温，也能减轻轮胎的疲劳程度，避免爆胎。检查胎温可以直接用湿手背触摸胎体，若感到胎体烫手，根据经验这时的胎温已达 65 度，而胎内温度已接近临界温度，车辆不可继续行驶，否则将会引起轮胎爆破。若湿手触摸不觉得烫手，说明这时轮胎工作温度正常，可以继续行驶，这便是简单适用的“胎温湿手背测量法”。

3. 除经常检查胎压外，还应注意以下几点：

（1）车辆应平稳起步，均匀加速，少用紧急制动。

（2）轮胎过热、内压增加时应停车稍事休息，但不要用冷水浇泼轮胎强制降温。

（3）随时观察路况以防刺扎。

（4）行车避免急剧转弯（俗称“转小弯”），以防轮胎与轮辋发生切割，导致车辆侧翻。

摩托车轮胎过早磨损或损坏怎么办

摩托车轮胎过早磨损或损坏，除日常选择的道路条件较差外，其原因还有：

1. 轮胎经常在气压不足或气压过高的情况下行驶，当轮胎在无气压的情况下行驶时，会使内胎损坏，外胎折裂。轮胎在气压不足的情况下行驶时，则会使轮胎磨损面积增大并产生折损，折损严重的轮胎在气压充足时可能发生爆胎。轮胎在气压过高的情况下使用时，增大了胎体帘线的拉伸应力，也会造成胎体破裂。

2. 前后轮制动装置长期单独使用，或紧急制动过于频繁。

3. 车轮摇摆。

4. 轮胎的拆装方法不正确，如使用撬棒将内胎和外胎胎缘撬破，或将外胎钢丝撬断，从而损坏轮胎。

5. 轮胎接触汽油或机油，加速成了老化龟裂，还会缩短其使用寿命。

检查、排除方法：

(1) 检查轮胎气压，并按规定进行充放气。

(2) 尽量避免长期单独使用前、后制动器的紧急制动，在使用中，还应尽量避免其与机油或汽油接触，在拆装时，可卸下车轮，置于地上，并放去内胎的残余压力，然后用脚将外胎带口踩向钢圈中部处，再用撬棒撬出外胎，当感到撬棒费力时，不要用力太猛，以免损坏轮胎，最后还应检查外胎带口的其他部位是否未处于轮圈中部处。

(3) 若发现车轮有摆动，应给予调整辐条的松紧度，以避免钢圈扭曲变形，或调整轮轴的间隙。

摩托车轮胎的维护与保养

轮胎是行走系统中的重要部件之一。它所起的作用有：(1) 直接与路面接触，承受车身的重量；(2) 利用其充气后所具有的弹性，缓和并部分吸收行驶中由于道路不平所引起的震动和冲击；(3) 保证车辆行驶时有可靠的附着力而不至打滑。轮胎维护与保养的要点是：

1. 保持轮胎有一定的充气压力

轮胎的充气压力适当，可以使摩托车具有最大的牵引力、稳定性、驾驶舒适性和较长的使用寿命。轮胎压力不足不仅加大行驶阻力，增加发动机的负荷和燃油消耗量，有时还会使轮胎从轮圈上脱落。而轮胎压力过大会降低摩托车的稳定性，使用行驶中有“蹦”的感觉。

2. 保持轮胎的完好和胎面的清洁

每次收车后都要检查一下前后轮胎的胎面，清除嵌在花纹里的小石子和其他异物。如发现有小铁钉和小铁片时，要马上取出，并仔细检查内胎是否被扎破。

摩托车外胎一般不宜修补，因为热补后的胎面高于其他部分，车在行驶时会上下颠簸。修补内胎最好采用火补的方法，在缺乏火补材料和工具时，也可用补带胶冷补。

如果经常路过不清洁的路段，路面上常有散落的铁屑和碎玻璃，为了防止内胎扎破无法修补，可随车带一套专用工具，它们是：撬胎棒两根、小型气筒一个、小折剪一把、补带胶水一管、补胎皮数块。

内胎的更换主要看其老化程度和完好程度。扎过的内胎虽然进行了修补，但其可靠性与没有扎过的完好的内胎相比，已大大降低。一般用过一年的内胎或已行驶八千千米以上的内胎，即应考虑更换新胎。更换新内胎时，最好在其外表面稍稍涂一薄层滑石粉，再装入外胎使，这样可以防止内胎老化和与外胎粘连。

在装卸外胎时，最好有专用的撬胎棒（板），不要用边缘锐利的工具，以防在操作过程中损伤轮胎。

3. 避免日光曝晒和沾染油污

经常在日光下曝晒，会使轮胎干裂、老化，因此最好把摩托车停在有防尘、防晒、防雨的通风处，或者往车上盖一块苫布，这样不仅对轮胎有利，而且对车上的油漆、电镀、塑料件也会起到保护作用。

油污、酸碱等对橡胶有腐蚀作用，因此应避免轮胎同这些东西接触。

长期不用的车最好用木架把整车架起来，以防轮胎某一小段长期负重，引起变形。

摩托车车轮不正怎么办

摩托车车轮不正，会造成摩托车行驶跑偏，车轮甩动，轮胎偏磨等一系列不良后果，直接影响车辆操纵的稳定性、乘坐的舒适性，行驶的平顺性和行车安全。

造成摩托车车轮不正的原因及排除方法：

1. 车轮轴轴承的轴向或径向间隙过大。

2. 轮辋失圆或扭曲变形。

3. 传动链条张得不紧，应按规定的传动链条松紧度给予调整。

4. 悬挂装配松动，应拧紧连接螺栓。

5. 车架扭曲。摩托车的全部零件都直接或间接地装在车架上面，若车架扭曲，在行驶时就不可能保持车辆平衡。一般情况下，车架扭曲不易排除，应更换新件。

摩托车滑行性能差怎么办

摩托车滑行性能系用摩托车初速为 40 公里/小时时将变速器挂入空挡，切断动力，依靠车辆自己的特性所能行驶的距离来评价的。行驶的距离愈长，则说明摩托车的滑行性能愈好，且车辆各运动件的调整，润滑和磨合愈好，反之，则说明车辆滑行性能及车辆的各运动件的调整、润滑和磨合较差。车辆滑行性能差不仅增加行驶时动力消耗和燃料消耗，而且还会缩短车辆的使用寿命。

造成摩托车滑行性能差的原因有：

1. 制动操纵机构的自由行程过小，或制动蹄与制动毂的间隙过小，或分离不彻底，使制动器处于半制动状态。

2. 车胎气压不够，使行驶阻力增大。

3. 轮轴间隙调整不当，轮轴轴承润滑不良，严重磨损或损坏。

4. 轮辋扭曲变形。

5. 传动皮带或链条润滑不良或调整过紧。

6. 后轮不在同一平面内。

上述原因主要是由于调整、保养不当所致，其检查、排除方法：

(1) 悬空，用手轻轻转动车轮，感觉其转动是否有阻感，若有，则说明制动蹄与制动毂的间隙过小，或分离不彻底，这时应调整制动蹄与制动毂的间隙，使其符合规定。

(2) 检查胎压，并按规定进行充气。

(3) 传动皮带或链条是否润滑不良或调整过紧。

摩托车传动皮带打滑怎么办

造成摩托车传动皮带打滑故障的原因有：皮带松紧不当、皮带或皮带轮沾有油污、皮带严重磨损等。

在检查、排除时，首先检查皮带、皮带轮上是否沾有油污，若有，应给以清除，其次，应检查是否有皮带过松故障。经上述处理后，皮带打滑故障仍然存在，则应考虑更换皮带，若无条件更换，可用细砂纸轻轻打磨一遍皮带的两侧面，然后涂上一层松香酒精溶液，待干了以后再装上，作应急处理。

摩托车车身被划伤了怎么办

首先是选漆。进口的快干系列修补漆可以在保证速度的前提下确保最完美的修补质量。比如美国进口的 PPG 汽车专用修补漆，只需在划伤部位进行局部修复操作，就可以避免大面积喷漆造成的邻接部位新旧的明显差别。另外，摩托车原车漆面的光泽度、纹理的粗细程度都各不相同，甚至不同批次出厂的同一款车的漆面都会有细微差别。只有采用进口修补漆进行过渡喷涂，才能从感观上减少颜色、纹理或金属漆侧视效果上的新旧差异，达到完美修复效果。同时，为保证用到货真价实的进口修补漆，在喷漆之前看一下油漆制造商颁发的授权证书是十分必要的。

您也许有过这样的经历，车上的划痕刚修好时效果挺好，但使用一段时间后，修补过的漆面就会发生断裂、脱落现象，这是什么原因呢？仔细观察您会发现，这种现象大多发生在塑料件部位。这是由于一些修理厂偷减工艺流程造成的。因为修补漆的硬度和弹性与这些塑料部件的硬度、弹性不一样。如果直接喷涂，当时效果会不错，但当塑料件因外界环境温度影响而自然伸展或弯曲时，漆面就会出现裂痕并开始脱落。真正合格的塑料件修复工艺是：受伤部位打磨好后，先喷涂一层塑料底漆，然后在修补漆中加入专用的塑料柔软剂，再喷涂在受伤部位上。经过正规工艺流程修复过的塑料件，不仅当时效果好，再使用多久都能保持原样。所以您在修补类似塑料部位时，一定要询问工艺流程，保证今后不用为返工而费钱费时。

还有一点提示您，一些轻微剐蹭造成的漆面划伤，不一定非得喷漆。只要没露底漆，做一下局部的抛光处理就可以恢复原样，在费用和时间上都会节省很多。

如何延长摩托车的使用寿命

每一位车主，都希望自己摩托车的使用寿命越长越好。摩托车的使用寿命是用摩托车的大修里程来计算的。国产摩托车的大修里程一般在 5 万公里到 10 万公里之间，使用合理可达上限，使用不合理下限也可能达不到。由此可以看出，使用因素对摩托车的寿命有很大的影响。

摩托车的大修里程，主要的标志是缸体表面的磨损和曲轴的磨损，其中以缸体表面的磨损最为重要。当缸体表面磨损后，活塞与缸体之间的间隙增大，引起活塞与缸体之间的敲击声，并产生漏点，这时摩托车的油耗急剧上升，机械效率的功率急速下降，必须进行大修。

大修的主要项目就是镗缸换活塞，恢复活塞与缸体之间的正常间隙，国产摩托车一般为 0.05 毫米至 0.07 毫米（指活塞裙部与缸体之间的间隙值）。如何避免缸体表面的磨损，就成为延长摩托车寿命的关键问题了。本文就摩托车使用中采取什么措施，可以避免缸体的磨损阐述如下。

1. 新车要经过良好的磨合

虽然缸体表面从制造厂生产出来很光亮，但从微观上看仍是凸凹不平，凸起的部分容易受到伤害，若此时承受较大的负荷，就会造成缸体表面的拉伤。所以在新车使用中，一定要轻负荷，待凸起部分磨平后，缸体表面就可以承受大的负荷了。这样缸体表面的使用寿命就会延长，磨合好的缸体比未经磨合的缸体相对寿命要长得多，这是很多科学家用实践证明了的。

在摩托车出厂时，厂家都要求用户进行新车磨合，磨合期一般在 1000 至 2000 公里之间。在新车磨合期，有的厂方在摩托车化油器喉管处加有限速管，使新车的车速要比正常使用时的车速低一些，最好不载人不载物。对于二冲程的摩托车，汽油与润滑油的混合比应增加到 20∶1 左右，以便更有利于缸体表面的磨合。

2. 进入缸体的空气要清洁

从空气滤清器进入缸体的空气，若含有很多灰尘，就会像磨料一样迅速增加缸体表面的磨损，所以一定要让进入缸体的空气非常清洁。目前国产摩托车大多使用纸芯式空气滤清器，一方面要定期（约 1000 公里）清除空气滤清器中的灰尘，另一方面要经常检查空滤器各接合处的密封情况，避免有不干净的空气不经过滤芯进入缸体。为了提高滤清效果，可在纸芯外增加一层泡沫海绵。泡沫海绵必须每天用水清洗一次，以免阻塞。

3. 缸体表面要有良好的润滑

液体摩擦比干摩擦的磨损要少得多。为了避免产生干摩擦，应使润滑油的缸体和活塞表面很好的粘附，以便形成液体摩擦。这就要求润滑油要有适当的粘度。润滑油的粘度和温度有关，不同季节应使用不同粘度的润滑油。国际标准规定，夏季要使用的润滑油为 API 分类 SD 级 SAE10W/30。我国国家标准规定，冬天使用 6 号汽油机润滑油，春秋季为 10 号，夏季为 15 号。

另外，还要经常检查油压和油标尺，避免在缺少润滑油的情况下使用摩托车。

4. 发动机的工作要有良好的柔顺性

发动机产生爆震的原因，主要是燃烧速度过快造成的。爆震使活塞产生过大的冲击力，敲击缸壁造成磨损。燃烧速度过快的原因是：

使用的汽油牌号与发动机压缩比不匹配。摩托车制造厂家规定，高压缩比的发动机应使用 80 号汽油，低压缩比使用 70 号汽油，若高压缩比使用 70 号汽油就会产生爆震，造成缸体表面磨损。

发动机的作用转速一般在最大扭矩与最大功率之间，国产摩托车为 3000 转每分钟至 5000 转每分钟，这样每一个挡位都有相应的速度范围。若驾驶员不注意及时换挡产生失速，这时若突然加油，缸体就会产生敲击声。遇此情况应及时换到低档上重新加速，否则就会因敲击损坏缸体表面。

(1) 避免产生粘缸现象

粘缸现象就是活塞与缸体表面发生块状粘连。产生粘缸的主要原因除发动机缺润滑油外，就是因为发动机冷却不好产生过热，使润滑油失去润滑作用。如何避免发动机过热呢？一方面要经常清洗缸体的散热片，使之具有良好的散热条件；另一方面要经常观察散热片的温度。散热后的表面温度一般在180℃以下，可用表面温度计测量。车主也可用吐口水的方法试验散热片的温度。若口水在散热片上发出嗞嗞的响声，就表示温度已很高，需及时停车降温，待温度降下来再继续行驶，避免发生粘缸现象。

还有，当行驶中发现加油后车速反而下降时，应及时停车，这是粘缸的前兆，绝对不能继续行驶。待发动机冷却后，应拆下活塞用砂纸和油石打磨缸体与活塞粘连的表面，只有这样才可能挽救已造成的损坏，否则缸体就要报废。

（2）避免冷车使用

在冬季用车时，润滑油处于凝固状态，不能起到润滑的作用。这时必须进行预热。预热的方法是，让发动机在空转状态下多运转一些时间，待温度升高后，润滑油已起作用再开动车辆。

（3）避免积炭掉入缸体内

活塞顶与缸盖内有很多积炭，当积炭掉入缸体内就引起缸体表面的划伤和磨损。为了减少积炭的产生，一定要使用专用机油。

车主还应及时清理缸盖内活塞顶上的积炭，当积炭过多时，会使燃烧室变小，增大压缩比，引起爆震。拥有摩托车的朋友们，你如能做到以上几点，你的摩托车的使用寿命一定会被延长。

摩托车安然度夏八注意

夏季气候炎热，如何安全驾驶和合理养护摩托车至关重要，下面提请车迷朋友注意几条事项：

1. 环境温度高，发动机的散热性变差，长时间低速或高速行驶，发动机容易产生过热，造成功率下降，油耗增加，使用寿命缩短。所以摩托车行驶中避免长时间高速或低速行驶，要注意行驶一定的距离后停车休息，让发动机的温度降下来。发动机过热时切勿向发动机泼水，以防机体炸裂，还应保持发动机的清洁，以保持其良好的散热性能。

2. 气温高往往会降低汽油的粘度，增加流动性。而空气受热后，密度减小，体积膨胀，使进入发动机的空气量减少，导致空燃比失常，造成耗油量增加，功率下降，发动机过热。因此，摩托车在夏季要定时保养，清洗空气滤清器，减少进气阻力，清洗化油器，降低浮子室油面，调整配气螺钉，减少供油量，保证正确空燃比。

3. 发动机温度高，机油变稀，粘度下降，抗氧化性能变差，容易造成润滑不良，从而使零件表面磨损加剧。因此，夏季应经常检查机油，及时添加或更换机油，保证散热、润滑良好。

4. 高温使蓄电池电化学反应加快，水分易蒸发，极板上活性物容易脱落，所以在夏季应经常检查电解液的液面高度，及时添加蒸馏水，以保证正常的液面高度。

5. 制动液在高温环境中易蒸发产生气体，在制动管路上形成气阻，制动片也容易烧蚀，造成制动失灵，在夏季应及时检查调整制动系统，添加或更换制动液，彻底排净液压制动系统中的空气，并保证制动系统的完好。

6. 轮胎内的气压会随温度的升高而升高，所以夏季更容易发生爆胎事故，出车前应适当降低车胎的气压。行车途中，胎温过高时，应及时停车在荫凉处休息，不可泼淋冷水，否则易使胎层拉裂，也不可采用放气的方法降温降压，否则胎温胎压还会继续上升。

7. 夏季太阳光很强，行驶时要做好防晒工作，驾驶摩托时，最好着长袖衣衫以防晒伤。

8. 有些驾驶者为了解除高温炎热带来的不适，不佩戴安全头盔，高速行车，缺乏有效的保护手段。其实，摩托车头盔是一种保护车手十分有效的工具，它主要起缓冲作用，可以最大限度地减少车祸的发生，所以夏季行车莫忘佩戴头盔。

摩托车防火六忌

摩托车作为现代交通工具，已进入千家万户，给人们生活带来了不少方便。但是，使用者若不懂得防火常识，一旦着火，就会造成不应有的损失。因此，注意摩托车防火十分重要。

一忌靠近明火。摩托车停靠时，不可靠在明火附近；焊接摩托车零部件时，不得离油箱太近。避免油箱过热而引起燃烧爆炸，夜间查看油箱内是否有存油时，切不可用打火机之类的明火查看。

二忌汽化器浮子室油面过高。油面过高时，一旦发动机工作，过量的汽油就会从汽化器流出，若不及时清除就极易引起火灾。因此，应时刻保持汽化器浮子室下部曲轴箱面上无汽油。

三忌汽油箱、油门开关漏油。漏油是较严重的隐患，一旦遇上明火，摩托车就会着火。因此，要经常检查，及时排除漏油现象。同时清除被汽油浸湿过后机件上留有的汽油。

四忌电线短路。驾驶员在驾驶摩托车时闻到的一种焦糊味，实际上就是导线被烧灼的现象，遇到此情况，应及时排除。

五忌发动机过热时加灌汽油。摩托车长时间行驶后，发动机以及排气管温度是很高的。加灌汽油时最好让其冷却后再加油，一般以能用手摸为准。

六忌摩托车行驶中受撞击或摔倒。驾驶摩托车时，应严格遵守交通规则，不可超速行驶。因为速度过快，稍不注意就有可能与车辆以及其他物体相撞，高速撞击，就会引起油箱燃烧爆炸。同样摔倒也有可能引发事故。因此，当摩托车受到撞击或摔倒时，若当时未引起燃烧爆炸，应紧急关闭电门，切断电源。

安全行车十不开

道路宽阔，视线良好，中速行驶，不开英雄车；
前车阻路，行人挡道，互敬互让，不开赌气车；
车多人挤，交叉路口，礼让三先，不开抢道车；
车好路宽，行人稀少，技术熟练，不开麻痹车；
身体疲劳，精力欠佳，及时休息，不开迷糊车；
气候恶劣，视线不清，鸣号缓行，不开冒险车；
工矿集镇，路况复杂，谨慎驾驶，不开鲁莽车；
车出故障，仔细检查，及时保修，不开凑合车；
公路拥挤，天晚事急，冷静谨慎，不开急躁车；
完成任务，急于回家，戒骄戒躁，不开松劲车。

养　护　篇

摩托车为什么要进行技术保养？其技术要求是什么？

摩托车在使用过程中，由于各部运动机件逐渐磨损和受外界各种运行条件的影响，各部机构和零件必然逐渐产生不同程度的自然松动和机械损伤，这样将导致摩托车动力性和经济性变坏，机件安全可靠性降低，就会发生预想不到的机械故障和交通事故，影响摩托车的使用期限。因此，为了提高使用寿命，减少机械故障和交通事故的发生，应做好保养工作。

保养的技术要求是：

摩托车直线运动性能良好，行驶稳定，方向把操纵轻便，无跑偏现象。

发动机动力性能良好，启动容易，怠速稳定，加速灵敏，运转均匀无异响。

离合器接合平稳，分离安全，不打滑；离合器握把自由，行程符合规定。

变速挡位清楚，换挡灵便，不跳挡，不掉挡。

制动有效可行，无阻滞现象，时速 30 公里时，急制动后轮拖印应为 8 米，前制动握把推车，前轮不滚动；制动握把及制动踏板的自由行程符合规定。

前后避震器性能良好，不漏油。

电气线路完整，包扎、卡固、接触良好；仪表齐全，指示准确；喇叭清脆洪亮，无异声；灯光齐全，光线良好，开关灵活。

车辆外表喷漆表面光泽，均匀；各接合部件紧固，牢靠，附件装备齐全。

摩托车保养的分类

摩托车的保养一般分日常保养和定期保养两类。也可分例行保养、一级技术保养和二级技术保养。实质上，例行保养就是日常保养；一级技术保养一般是行驶 1 个月或 3500km 左右进行；二级技术保养是行驶 1 季度或 8000km～10000km 左右进行，实质上，它也是定期保养。

摩托车一级保养的内容

摩托车每行驶 1000 公里后，除每日例行保养外，还需进行一级保养。

其内容如下：

1. 检查调整离合器、制动器及油门转把的自由行程，并清洗润滑钢索。

2. 清洗化油器、空气滤清器及油箱开关。

3. 检查调整发动机怠速、火花塞电极间隙及工作状况，清除火花塞积炭，保证点火正常，使发动机处于最佳工作状态。

4. 清除蓄电池接线柱上的氧化物，检查接线是否松动，并在极柱上抹上油脂，检查电解液比重和液面高度，必要时应补注蒸馏水。

5. 检查全车电缆线接头有无松动现象，接触是否良好。

6. 检查全车外露件的螺母和螺栓，如有松动应立即紧固。

7. 链传动的摩托车，应检查链条下垂度，并加以调整，链传动非全链罩的摩托车应先卸下链条清洗。

8. 皮带传动的摩托车，应拆下皮带轮进行清洗，并加注润滑脂。

9. 四冲程汽油机的摩托车，应查气门间隙并加以调整。

10. 四冲程汽油机的摩托车，还应清洗油底壳润滑油滤网。

摩托车冬季保养八法

冬季气温低，不利于发动机的启动，若不采取适当的措施，就会加速发动机的磨损，摩托车的冬季使用应注意以下几点：

1. 换用适当的冬季燃油和润滑油。

2. 有条件时，应将摩托车放入室内，以保证适当的机温，便于启动。

3. 对于有电启动系统的摩托车，应增加蓄电池电解液的浓度，并注意保温和对其进行必要的补充充电，用电启动时，若一次不能启动，要间隔 10～15 秒，再进行启动，每次启动时间不能超过 5 秒。

4. 启动时油门不易过大，以免空转转数过高，加速磨损。

5. 停车后，应立即向燃油箱加油，以驱赶其中潮湿空气，避免水汽凝结成冰，锈蚀零件或结冰后堵塞油路，还应定期放出燃油箱中的沉淀物。

6. 为防止摩托车温度过低，应增设保温装置。

7. 启动前，用热水预热发动机，以加热油底壳和变速箱中的润滑油。

8. 对于长期不用的摩托车，启动前，应用脚踏启动杆数十次，以防止因润滑油不能及时流动摩擦表面而加速其磨损，甚至造成烧瓦事故。

摩托车的夏季保养

1. 避免长时间高速或低速行驶，长途行驶一段距离后应停车休息，让发动机降温，不要向发动机泼冷水，防止爆裂；保持发动机清洁，保证良好的散热性能。

2. 适当增加空气滤清器的清洗次数，减少进气阻力；及时清洗化油器，降低浮子室油面；正确调整配气螺钉，减少供油量，保证正确的空燃比。通过以上措施，降低油耗，防止发动机过热。

3. 经常检查、及时添加或更换机油，保证良好的散热、润滑效果。

4. 夏季高温使电瓶水分易蒸发，应经常检查电解液面高度，及时添加蒸馏水，保证正常的液面高度。

5. 高温容易使制动液蒸发产生气体，形成气阻，刹车摩擦片也容易烧蚀，造成制动失灵，应及时检查调整刹车系统，添加或更换制动液，排除管路中的空气气阻，保证制动性能可靠。

摩托车外观的保养

摩托车各部件的外表大致有三种：其一是金属涂镀层，即镀铬和镀锌表面；其二是油漆涂料层，即烤漆或涂漆表面；其三是本质着色面，主要有人造革、塑料和橡胶件等。定期进行摩托车的外观保养，可使摩托车外表清洁、漂亮。

金属涂镀层表面注意不要接触强酸和强碱。镀铬件表面应保持干燥。我国南方空气湿度较大，阴雨天气较多，应特别注意避免镀铬件吸潮后的氧化腐蚀。每次出车返回后，都应将金属涂层表面的灰尘或雨水擦干净。

油漆涂料件的表面积一般占整车面积的50％左右，摩托车的外观质量如何，油漆涂料件表面起决定的作用。要想长时间地保持油漆涂料件的表面质量，必须注意以下几点：

防止各种油渍和酸碱的侵蚀。不要用汽油、煤油以及柴油等清洗油漆涂料表面。

不能把车放置在高温处（火炉、电阻炉、明火等旁边），以及长时间放在烈日下暴晒。

经常保持油漆涂料件表面的清洁和干燥，如有尘埃和水珠，要用软质纱布揩擦干净，切勿用含有泥沙的硬布揩擦油漆件表面。

注意避免与金属和各种硬质物体相碰擦，以免造成划痕和擦伤。

油箱盖密封必须严密，杜绝汽油长期溢出造成油箱表面局部油漆老化变色以至脱落。

人造革、橡胶、塑料件表面也应避免酸碱的侵蚀、高温烘烤、明火接触以及防止老化龟裂。

摩托车外观保养注意事项

为了使摩托车外观保持如新，使涂膜的鲜映性（DOI值）不至降低，日常行驶中的保养显得尤为重要，下面介绍一下应注意的事项：

1. 行驶中应根据路况的不同而随时调整车速，避免由于车速过快而使蹦起的沙石对涂膜造成冲击损伤，这同时对延长整车的使用寿命也是有好处的。

2. 禁止在夏季高温曝晒，同时也应注意冬季严寒的影响，摩托车最好存放于室内，以减缓涂膜的失光老化。

3、当摩托车表面有油污等脏物时，禁止使用汽油、苯类、醇类、酯类等溶解力强的溶剂进行擦洗，以免溶解涂膜，最好用中性洗涤剂、去污剂等清洗，冲洗后应立即用干布将水擦拭干净，以免生锈。

4. 冲洗前应注意摩托车温度不能太高，室温左右即可，尤其是发动机部分，避免温差变化太大。

5. 涂膜损伤时，若底材没有遭到破坏，可用 500＃、600＃的砂纸打磨擦净后，喷涂同一色相的自干修补漆即可；若底材遭到破坏，可先用腻子填平打磨，然后喷涂同一色相的自干修补漆。

摩托车外观塑料件的日常养护

摩托车外观虽然呈现给我们的只是“表面现象”，但它好比是人的衣服，时时需要我们的精心爱护和保养，很多人不知道正确的养护方法，从而导致外观件受到损害，严重影响了摩托车的美观度，所以下面我们就来做做“表面文章”，以期大家能对摩托车外观的养护有一个常识性的了解。

摩托车外覆盖件绝大多数采用 ABS 塑料制品（尤其是踏板车），外形美观漂亮，散发出浓厚的现代气息。但有些摩托车使用较长一段时间后，那些直接受强光照射的外表面，漆膜往往会出现龟裂现象（如踏板车的头部，后尾箱上部及两侧等）。

影响 ABS 塑料制品漆膜龟裂的主要因素是铸塑成型工艺参数选择不妥，油漆前没有进行严格的处理以及使用不当等。但在使用过程中，也应采取预防措施，进行维护。

1. 我国大部分地区冬季气温在 0℃以下，北方部分地区气温在－20℃，个别地区最低气温在－35℃。摩托车在低温条件下使用，除易造成发动机启动困难、燃油消耗增加、机件磨损加剧外，倘若维护保养不当，对摩托车外覆盖件也会造成很大的损害。摩托车长期停放在0℃以下的露天中，ABS塑料件整个深度内会发生裂纹，－40℃以下完全呈脆性破坏。因此，摩托车应尽可能存放在室内，实在没有条件需放室外时，应铺上预制板以防止湿气侵入，最好能套上摩托车罩，以利保温。还需要注意，天晴时要取下摩托车罩，以驱除潮气。

2. 我国大部分地区夏季阳光强烈，中午公路上气温高达40～50℃，ABS塑料制品在强阳光、强紫外线和高热的作用下，容易老化而变硬发脆，产生严重的龟裂现象。因此，应尽可能避免中午出车，不使用摩托车时应尽可能存放在室内或树阴下，切不可将摩托车长期停放在强阳光下曝晒，这会使漆膜过分干燥而开裂，同时由于紫外线的作用而使漆膜褪色和老化。此外要注意不能把车放置在火炉、电阻炉和明火等高温处。

3. 切记硬物碰、划、压油漆表面。因为经碰压的，漆膜会发生张力变形，容易引起龟裂。

4. 避免长时间雨淋。长时间雨淋会使罩光漆膨胀、老化而脱落，成了“花脸”。雨中行驶后要及时擦洗干净；停放车辆时应放在能避雨的荫凉处。

5. 严防油污。漆本身是油溶性化合物，虽然ABS外覆件漆膜具有一定抗油性，但久而久之也会使漆膜溶解。因此当加油后或洒上油污时，应及时擦掉，不可久置不顾。油箱盖密封必须严密，杜绝汽油长期溢出造成油箱表面局部漆膜老化变色及邮箱下部ABS塑料装饰件漆膜龟裂。擦洗车辆时要注意不能用汽油、煤油、柴油以及各种具有腐蚀性的洗涤剂清洗ABS塑料制品的油漆表面。

6. 要经常保持ABS外覆盖件表面的清洁，切记用布直接擦拭污泥，因为落在漆膜上的泥土在干布的擦拭中成了“研磨剂”，而使漆膜外表面失去光泽或开裂。最好的办法是用水冲洗，并及时擦干，擦布应用柔软的针织布或棉纱。

7. 每周应上一次车用光蜡。光蜡的作用不仅使漆膜光亮，更重要的是可防止漆膜老化龟裂，保持光泽和柔性。切忌使用任何非车用蜡。由于漆膜成分不同，光蜡的化学成分也不相同，使用不当会出现相反的结果。

此外，名牌摩托车在生产过程中，为确保 ABS 塑料装饰件的内在品质，均通过了一系列严格的试验和检测，一般情况下不会出现大面积的漆膜龟裂现象。因此在购买摩托车时，一定要选择名牌车型。

摩托车电镀零件的完美保护

一辆摩托车通常由大大小小上千个零件组成，电镀零件是其中一个重要组成部分。摩托车电镀件按镀基材料可以分为金属电镀件和塑料电镀件两种，如车把、挡泥板、车圈、排气管等，属于金属镀基件；而踏板车外壳、仪表、商标、车型标识则属于塑料镀基件。如果摩托车电镀层保持完好则车辆会显得光彩照人。相反，如果镀件有锈蚀、擦痕、凹陷则整车会显得丑陋不堪，并进一步影响车手骑乘形象。像有些豪华型大排量进口摩托车，如商标、排气管锈蚀，车子会很麻烦（因为这些零件非常难买）。所以，车手应该了解电镀零件电镀层的构造及原理，掌握保护电镀零件的知识，保护好自己的爱骑。

1. 电镀层的分类及特点

电镀层的分类及特点主要是：电镀层按使用功能可分为保护性、装饰性和功能性三大类。

（1）防护性镀层：顾名思义，这种镀层就是用于防止产品和零件的腐蚀，在摩托车生产工艺中通常用镀锌层来保护钢铁主零件。

（2）防护—装饰性镀层：这种镀层在摩托车生产工艺中应用最

广泛，加工工序要比防护性镀层复杂，起码要镀两层以上，有的还更多。如摩托车的挡泥板、车圈、羊角车把、排气管等；这种镀层除了外观好看之外，还能起到防止主零件锈蚀的作用。

（3）功能性镀层：这种镀层通常应用于轴类零件、发动机汽缸和活塞环的摩擦表面，一般采取镀铬的方法增加主零件的耐磨性。

（4）其他镀层：生产轮胎时，为了增加钢丝和橡胶之间在热压时的黏合性，一般的方法是在钢丝上镀铜锌合金。由于用途不同，镀的金属也不同，常用的金属有锌、铜、银、铅、铬、镍、黑铬、黑镍等。

2. 电镀零件的保护措施

电镀层大多数有腐蚀性的溶液，在有机酸中是稳定的，能长期保持光泽。但是以下几种情况会使电镀层受到腐蚀，需要注意和采取措施予以保护。

（1）应防止与食盐、盐酸、苦卤等物质接触。因为镀层很容易溶于上述物质中，所以要避免与84消毒液、漂白粉、洁厕清等物质接触。

（2）摩托车不要存放在有煤气、煤球炉、煤烟熏烤的地方。这是因为一氧化碳（CO）会使镀层产生灰黑色网状裂纹而锈蚀。

（3）讲究擦拭的方法。平时在一个星期中只需对摩托车电镀层擦一次中性机油，如缝纫机油。注意每次擦油时应先用软布将尘垢擦净；雨天行车后应先用清水将污垢洗净，然后再用软布擦拭，最后蘸机油擦拭。擦油时不要将油碰到漆面及轮胎上，以防止漆面失光及轮胎老化。如果是仪表及其他镀层内部有水雾，应先用电吹风吹干再进行擦拭。

（4）对于车条上的镀锌面，由于其表面生成了一层暗灰色的碱式碳酸锌薄膜，能有效地防止内部金属遭受腐蚀，所以在擦拭的时候注意不必将这层暗灰色的镀锌面擦净、擦亮，可以擦一些中性机油加以保护。

（5）对于塑料电镀件的擦拭，只能用软布蘸清水（温水）擦拭，不能蘸机油擦拭，因为那样会将塑料电镀件的镀层破坏掉。

（6）对于排气管、挡泥板、车圈这样的镀件，不能用钢丝刷刷泥垢，因为钢丝刷的刷丝会擦伤镀层表面。应用清水将泥垢泡松后再按照上述方法进行擦拭。若实在泡不松应用木质棒条轻轻进行除垢。

怎样养护摩托车漆面

现代摩托车都采用了先进的喷涂技术，其外观漆面平整光亮，鲜艳丰满，令人赏心悦目。在使用养护中要注意以下几点：

1. 行驶中，由于车身与空气发生摩擦产生的静电，对灰尘具有极强的吸附作用。为此，摩托车使用前后要及时地用掸子清除车体上的灰尘，尽量减少车身静电对灰尘的吸附。

2. 洗车时，应待发动机冷却后清洗，不要在烈日或高温下清洗机车，以免洗洁剂被烘干而留下痕迹。冲洗车辆要用中性活水，不得使用洗衣粉、肥皂水和洗涤灵，以防洗掉漆面中的油脂，加速漆面老化。

3. 擦洗车身要用干净、柔软的擦布或海绵，防止混入金属和沙粒。擦拭时，应顺着水流的方向自上而下轻轻地擦拭，不得划圈或横向擦拭。

4. 对一些特殊的腐蚀性极强的脏物（如沥青、鸟粪等），要及时清除。对此，必须用专用清洁剂清洗，不可随意使用刀片刮削，以免伤害漆面。

5. 在摩托车维修保养中，注意不要用带有油污的脏手触摸车身漆面，不要将粘有油污的工具或含有有机溶剂的擦布置于车身上，以免留下印痕或使漆面过早褪色。

6. 摩托车长期停驶，应停在车库或通风良好的地方，冬天应用专用车罩覆盖。临时停放时，要选择阴凉的地方，避免阳光曝晒。

7. 防止对车身漆膜进行强烈冲击、磕碰和划伤。如发现漆面有伤痕、凹陷或脱落，应及时进行修补。

清洗摩托车应注意的几个问题

清洗擦拭是保持摩托车外表清洁、美观的主要手段。但清洗擦拭不当，会造成轮圈辐条氧化腐蚀和车身的过早损坏，甚至导致交通事故的发生。

车身和行路部分容易沾上泥土、灰尘及其他脏物。清洗时经常是一边用水冲一边用布擦拭，而铁制的车厢冲洗后不易干，若长期用水冲洗，车厢底部和行李箱的凹部易积水锈蚀。所以在清洗时，应将摩托车停放在斜坡上，让泥水从车厢底板前端的小孔流出，避免积水。冲洗后，应立即用布擦干，保持轮圈辐条和车身内部的干燥。

制动鼓与鼓盖的接合部位容易渗水（盘式制动的制动贺盘更易溅上水）。因为一般摩托车前、后轮的制动鼓都没有防水装置，用水冲洗车轮时，水就会直接流到制动蹄片上，造成制动打滑，甚至制动失灵。因此，每次清洗车轮后，应低挡行驶，反复轻踩（握）制动踏板（手柄），利用制动器摩擦副间产生的热量将水烘干，直到制动效能恢复为止。

化油器易进水造成故障。用水冲洗车辆时，水滴会从空气滤清器流入化油器内。启动时，不能被燃烧的水滴停留在气缸内和火花塞的电极上，会造成启动困难。当产生的高压电遇上火花塞电极短路时，高压线圈就变成负载，很容易被高压电击穿烧毁。当冲洗车辆时，应用塑料纸将空气滤清器、化油器包扎严密，避免泥沙和水钻进气缸。

由于摩托车发动机无机盖遮蔽而裸露，冲洗时水就会喷洒在气缸盖上的火花塞座孔和其它线路上，可能导致其窜电、短路，造成发动机工作不良或不易启动，严重时还会引起蓄电池大量放电。所以清洗后应用干布擦干火花塞座孔，及各种线路上被洒上的水，方可启动。

最后，还需注意的是，擦净点火开关钥匙眼、里程表和各种灯开关上的水滴，不然也会产生一定的麻烦。

摩托车金属挡板防锈一法

看到有些车的金属挡泥板用不到一两年就因锈烂而报废了，或有块锈斑，有些车友看到了心好痛，只好换了它。有个办法朋友们可以试用：在新车买来以后，将爱车的前后两块挡泥板拆下，用布擦净，再用防锈漆涂上，效果很好，不妨试试。

把旧摩托车擦得发亮的几种方法

摩托车旧了，擦起来费劲，擦完之后也没了新车的光亮。如果按以下方法做，你的车擦起来不仅不会有涩的感觉，而且即使是很旧的车也会擦得闪闪发亮。

1. 将摩托车上的尘土、泥巴用水刷净，等水干后，再用细软干布将留在车上的水渍擦掉。

2. 将筒装的白鞋油（也叫多功能鞋油），适量地挤在干净的布上（如是盒装的，就用布在盒里蘸少许），均匀地涂在摩托车的各个部件，不必太厚，否则效果欠佳。

3. 待3～5分钟后，用细布将摩托车反复揩擦，越擦越亮。因为鞋油里的主要成分是石蜡，所以用上述方法擦过的摩托车等于给零部件涂上了保护层，这不仅能减缓摩托车表面的腐蚀速度，而且因石蜡所具有的光滑特性，使以后擦车时也非常容易。每隔个把月把摩托车打一次鞋油，定能让你的坐骑青春常驻，光彩照人。

摩托车贴花的清洁保养法

经常骑车的朋友可能都深有体会，一辆崭新的摩托车骑不了多久，性能并不差，可摩托车贴花甚至摩托车的整个外形都显得有点破旧。这是因为，摩托车经常直接与外界接触，车友们往往又忽视了正确的保养方法所造成的。所以，为了使贴花外观保持如新，日常行驶时应注意保养：由于贴花的制作材料（基材）一般是聚氯乙烯和聚酯，所以不可在夏季高温环境下曝晒，当其表面有油污等脏物时，不可使用汽油、苯类、醇类等溶解力强的溶剂进行擦洗，以免溶解罩光油墨，最好用中性洗涤剂、去污剂等清洗，清洗后应立即用干布将水擦拭干净，并在通风处晾干。

四冲程摩托车的日常保养

1. 每500公里

润滑：后传动系统。（雨天应该适当提早）

2. 每1000公里

调整：后传动链条（雨天应该适当提早）。

更换：润滑油（新车第一次更换在300公里）。

3. 每3000公里

清洗：润滑油滤清器，空气滤清器。

调整：火花塞，刹车。

检查：点火正时，驱动链张紧程度，气门间隙，化油器工作状况，汽油开关和油管，离合器工作状况，刹车液压油，蓄电池电解液，全车灯光，辐条，轮胎。

4. 每 5000 公里

清洗：化油器。

更换：空气滤清器，润滑油滤清器。

调整：驱动链张紧程度，气门间隙。

检查：前轮轴承。

发动机保养六大要素

1. 使用适当质量等级的润滑油。
2. 定期更换机油及滤芯，空气滤芯在清洗 3 次后必须更换。
3. 保持曲轴箱通风良好，定期保养汽油机的 PVC 阀。
4. 定期清洗曲轴箱，清除运转过程中产生的油泥。
5. 定期清洗燃油系统，清除和控制形成的胶质和积炭。
6. 定期保养水箱，除去其中的锈迹和水垢。

如何保养发动机曲轴套件

分解发动机后，检查曲轴的偏摆程度。使用 V 形环支撑曲轴，用千分表读出偏摆程度，曲轴的偏摆程度不得超过使用限度，使用限度为 0.05mm。曲轴偏摆程度过大往往成为发动机异常振动的原因，这种振动将会缩短发动机寿命。因此，超出使用限度就应送修理部门修复或更换。

轴承检查。检查之前，应先用清洗溶剂清洗轴承，并用机油润滑。

转动内座圈检查。转动是否顺利，如果转动不灵活、均匀，且有“喀达、喀达”的撞击声，应进一步检查滚珠轨道和钢珠。若钢珠和座圈有严重的麻点、脱皮、破裂等，便更换新的轴承。若轴承转动起来很圆滑，无阻滞现象，但“哗哗”的噪音很大，应检查是否磨损过甚。检查方法可用两手紧握住里外圈，前后推动轴承，若是感到晃动的间隙很大，便应更换轴承。

接着应检查轴承油封，如果有磨损、破裂、硬化的现象，损伤的油封就可能导致燃油和空气混合物或油的泄漏。这样的油封应更换。

连杆大头轴承的检查。检查时，转动带连杆的曲轴，应感觉大头中的旋转动作顺利。可一边紧紧地固定着曲轴，一边上下拉动连杆，以确认大头中是否有声音。

连杆大头的磨损可通过检查连杆小头的摆动来估计，这种方法也可以检查连杆大头零件的磨损程度。如磨损超过限度，连杆、曲柄销和曲柄销轴承应全部修理或更换。磨损程度不得超过 3.0mm。

如何保养发动机传动系统

在分解发动机前，应先检查传动内部各齿轮的工作状况，观察齿轮磨损程度，并检查齿轮的啮合情况，使用厚薄规，检查齿轮槽中换挡拨叉间隙。三个换挡拨叉的每一间隙对保持换挡动作的平顺和可靠性具有重要的作用。每个拨叉都装有镶入齿轮上的环形槽的叉子，在运转中，拨叉与齿轮之间有动的接触摩擦，而当换挡时，拨叉又从轴向推动齿轮。因此，间隙太大，便易造成齿轮的打滑跳挡。如检查确认间隙超过规定限度，就应更换拨叉或齿轮，或两者同时更换。使用限度为 0.45mm。

离合器盘。使用中的离合器盘，如果是用机油润滑的，就是处在油膜保护的润滑状态中，能够经久耐用。它们的使用寿命，很大程度上取决于离合器内所使用的润滑油质量的优劣，当然也取决于离合器的使用方法。

如铃木 TR125U 型，其离合器盘磨损的使用限度为：厚度 2.6mm，爪宽 11.2mm，一旦磨损超过使用限度，就应及时更换。

检查离合器盘的方法可采用游标卡尺检查其厚度，使用厚薄规和平板检查其变形程度。

离合器弹簧。如果离合器弹簧过软而失去张力，会导致离合器打滑，造成动力降低、功率损失和离合器盘的磨损加快等现象。

检查时，先拆下离合器弹簧，并用游标卡尺测量其自由长度，如在其中有某个弹簧小于使用限度，就要全部更换新的弹簧。

离合器弹簧的使用限度根据各厂家规定的尺寸而定，如铃木 TR125U 型的使用限度为 33.6mm。另外，当将离合器弹簧旋入套筒轮毂中，应先钩住侧螺丝，然后调整弹簧高度至标准。

离合器能否平顺地接合或分离，很大程度上还取决于离合器分离轴承的工作情况。检查离合器分离轴承是否发生故障，如转动是否圆滑，有无阻滞现象等，尤其是裂纹，在拆卸之前就要检查，以决定它是否可继续用，或需要更换新轴承。

如何保养驱动链

摩托车驱动链一般在行驶 1000km 后，就应进行清洁和润滑，新车在初驶 1000km 以及每行驶 6000km 后，都应进行检查。

检查驱动链的磨损情况时，应首先拔出开口销，松开轮轴螺帽。在松开紧固螺帽后，锁紧调节器，使驱动链张紧，然后数链条上的 21 个链环，并用游标卡尺测定两个链环之间的距离，如果距离超过使用限度 25.9mm，就应更换新链条。

清洗驱动链后，用链条润滑油或机油润滑驱动链。如果摩托车在尘埃多的地区或频繁地急加速和持续高速状态下行驶，驱动链更应经常性地进行清洁和润滑，润滑方式也可以使用任何一种牌号的喷雾式链条润滑剂。

日常应对驱动链张紧度进行调节。如果链条张力过度，会使发动机和其他重要部件发生过负荷现象。因此，链的张力一定要保持在规定值以内。调节的方法是：

用钳子拔出后轮轴螺帽的开口销后，松开后轮轴螺帽。

拧松调节器固定螺帽，转动调节器，向右转动时链条便被拉紧，向左转动链条放松。

为了准确地保持轴平行，应以同等的量转动两边的螺帽。这种螺帽位于后叉的两边和各调节器上，均有标记，可利用标记确认对准。

调整以后，一定要拧紧轮轴螺帽和调节器紧固螺帽。

随后将开口销插入后轮轴螺帽里，弯转开口销的头，最后还需重新调整制动踏板及后制动杆的自由间隙。

链条的正确垂度一般根据其自身的长度，按比例设定。如 50ml 的摩托车链垂度为 10～15mm，100ml 为 10～20mm，100ml 以上为 20～30mm。

此外，在安装链条时应注意，驱动链条接锁片的开口端朝向应与链条转动方向相反。

如果在检查驱动链时，发现如下问题，就看是否应该更换驱动链。这些问题有：

1. 松弛的销；

2. 扭曲或卡住的链节；

3. 损伤的滚柱；

4. 过度磨损；

5. 生锈的链节。

如发现上述问题，千万大意不得。

如何保养调整离合器

离合器的保养调整主要包括离合器接合与分离作用的检查、离合器握把自由行程的调整、弹簧力的调整、离合器摩擦片的清洗、轴承的润滑等。

新出厂的摩托车离合器都已调整好，使用一段时间后，由于操纵钢索的伸长，离合器摩擦片的正常磨损，以及调整螺栓的松动等，都会使离合器出现分离不彻底或打滑现象。

离合器分离不彻底的特征是，摩托车起步时，离合器握把还没有松开，车辆就向前行驶；换挡时，离合器握把已经握紧，但仍有齿轮撞击声，而且换挡困难；制动时，虽然已握紧离合器握把，但仍导致发动机熄火。

离合器打滑的特征是，当摩托车起步或换挡时，其加速性能很差；上坡时，车辆没有劲；行驶时，车速不高。若出现上述特征，应采用路试法进一步判断离合器是否打滑。路试时，将摩托车挂入低挡，以 15 公里每小速度行驶，一边采取缓慢制动，一边加油，察听发动机的运转声音。若声音有变化，即表明离合器接合良好，若声音无明显变化，表明离合器打滑或接触不良，应及时进行调整。

如何保养化油器

一般在新车初驶 1000km 以及每行驶 6000km，就应该检查化油器一次。

首先要调整浮子高度。具体的方法是：

倒置化油器主体，拿住浮子臂销，不让销滑出来，让浮子臂保持自由。当浮子臂正好接触针阀时，使用游标卡尺测定高度。如有必要调整其高度，先弯曲舌片，使它达到规定的数值。在测定高度时，要取下垫片，以免测量不准确。

如果针阀座与针阀之间不密封或有异物卡住，便失去其作用，使汽油不断流入而导致溢流。如果针阀座和针阀磨损过甚而超过容许限度，也可能发生类似的故障。相反，发生针阀卡住的故障，也会使汽油无法流进浮子室。

检查时，拆下化油器、浮子室和浮子，并用汽油清洗浮子室和浮子。如针阀已磨损，连同阀座一齐换掉，并用压缩空气冲洗混合室的燃油通道。

随后应调整混合气。调整的依据，可根据拆下的火花塞，看其燃烧情况而定。混合气体过浓时，火花塞成黑色，过稀则为白色。

混合气的调节，主要是受主喷油嘴与量孔针阀控制。在进行调节时，应先确认浮子高度正确与否，溢流管、进气管和空气滤清器是否完好。

调节时，可采用边行驶边调节的方法进行比较确定，渐渐地找出使发动机既不缺乏动力、又不使火花塞发黑的某一节气门开度位置为止。

混合气体可使用三种方法变浓或变稀，即变换主喷油嘴、量孔针阀和空气调节螺丝。这些方法的有效性取决于节气门的位置。

如果在节气门开度二分之一时试验，而所检查的火花塞颜色和外观显出过浓或过稀，则应使用量孔针阀和空气调节螺丝的办法调节。

怎样巧洗摩托车化油器

摩托车化油器在使用中，化油器底部常沉淀有泥沙和水，影响车辆的正常行驶。以下介绍一种不拆化油器就可将其洗干净的妙法：先将油开关关上，用螺丝刀拧松化油器底部放油螺丝，将化油器内的燃油全部放光后，再打开油开关，待有油流出后，向节气门外壁的那根排废油管不停地吹气（或用打气筒打气）。此时，就会发现泥沙和水珠从化油器底部放油管喷射而出。如此重复几次，就可以将化油器浮筒内沉淀泥沙和水清洗干净。然后将底部螺丝拧紧，摩托车即可正常使用。

怎样保养气缸盖

清除积炭：摩托车行驶一定的里程（一般 3500 公里～10000 公里），就要仔细清除气缸盖燃烧室、气门座周围、排气道中积炭。清除燃烧室积炭可以用竹片削成的刮刀去除，对排气道中积炭可用螺丝刀去除。总之清除积炭时，切勿刮伤燃烧室壁面、气门座的工作面及排气道的壁面。消除积炭后，用洁净的汽油或煤油清洗，然后用干净的软布擦净，重新装配好。

清洗气缸盖散热片：风冷发动机的热量主要靠气缸盖和气缸上的散热片散发，如没有这些散热片发动机就会因过热而不能正常工作。因此，散热片必须保持完整，清洁，并且当摩托车用了一定时间后应予冲洗，特别是雨天使用摩托车后，务必用水冲洗干净。

点火线圈的保养与检修

摩托车汽油机的点火系统中，均利用点火线圈将低压电转变为高压电，使火花塞产生电火花。点火线圈的种类较多。点火线圈主要由初级绕组、次级绕组、铁芯和外壳等组成。初级绕组和次级绕组均绕在铁芯上。初级绕组的匝数较少，工作电流较大；次级绕组的匝数较多，工作电压较大，一般在10000V以上。

1. 点火线圈的使用保养

保持点火线圈良好的绝缘性能是其使用保养的主要内容。

(1) 点火线圈的外表面应保持清洁。内部应避免受潮，以保持其良好的绝缘性能。

(2) 点火线圈高压引出螺钉与高压线的连接应牢固可靠。若连接松动时，容易发生放电跳火，使连接部位烧损。

(3) 点火线圈次级绕组的一端经高压线、火花塞帽与火花塞相连，在使用中要防止高压线、火花塞帽松脱。当高压线或火花塞帽脱落时，会使次级绕组产生的高压电因负载开路而升高到由工作能力决定的极限值，容易导致次级绕组击穿损坏。

(4) 点火线圈初级绕组与外电路的连接应牢固可靠。在蓄电池点火系统中，对低压接线柱与外电路的连接通常有极性的规定：即正极低压接线柱应直接或间接地与蓄电池正极相连，负极低压接线柱与蓄电池负极相连。

(5) 对于有触点式蓄电池点火系统，在汽油机停止运转时，应及时断开点火开关；在接通点火开关时，应及时启动汽油机。否则，当断电器触点恰好停留在闭合状态时，初级绕组将连续流过较大的电流，容易使点火线圈产生过高的温升而损坏。

(6) 在部分磁电机点火系统中，点火线圈还应与旋转飞轮磁铁保持规定间隙（气隙），否则会影响点火性能或引起机械事故。

2. 点火线圈故障检修

点火线圈的常见故障有：初级绕组断路、次级绕组击穿短路和外表面放电等。

（1）初级绕组断路

初级绕组的直流电阻通常不足1Ω。检测初级绕组两引出端之间的电阻可以判断是否有断路故障。初级绕组出现断路时，点火线圈即失去工作能力。初级绕组出现断路大都是由于引线在内部折断造成的。查找到折断部位，可重新引接，并对接头部位做好绝缘处理。

（2）次级绕组击穿短路

次级绕组击穿损坏时，会使次级绕组局部出现短路，次级绕组的直流电阻一般在数千欧姆以上，检测次级绕组两端（高压引出螺钉和机体）的电阻可以粗略判断次级绕组是否击穿短路。引起次级绕组击穿短路的主要原因是次级绕组的高压绝缘介质强度降低和工作电压过高。次级绕组受潮、过热和绝缘材料老化等是造成次级绕组高压绝缘介质强度降低的主要原因，当次级绕组温度超过100℃时，容易出现击穿现象，并使击穿部位的温度进一步升高，使击穿的故障发展扩大。

造成次级绕组工作电压过高的主要原因有：火花塞的电极间隙过大，使火花塞产生电火花所需的穿透电压增高；高压线或火花塞帽脱落，使次级绕组输出电压显著降低，火花塞的电火花微弱、甚至无火（不跳火）。次级绕组击穿短路后，一般条件下是难以修复的。

（3）外表面放电

当高压电在点火线圈的外表面产生漏电跳火时，称作外表面放电。引起外表面放电的主要原因是表面有严重污损或受潮。出现外表面放电时，往往在放电的表面可以见到烧损的痕迹，当表面放电较轻微时，可清除表面的烧损物，并做好绝缘处理。对点火线圈的故障检查，除可用外观检查和电阻测量的方法外，还可采用换正常的点火线圈进行跳火性能对比试验的方法进行检查。摩托车汽油机点火线圈的种类较多，但大多数点火线圈仅用以完成升压工作，因此在应急情况下，同类型的点火线圈往往是可以互换使用的，只是在安装尺寸上可能会有所不同。

怎样清洗空气滤清器

摩托车行驶1000～1500公里，必须清洗一次空气滤清器。若经常在灰尘较多的道路上行驶，清洗周期还应适当缩短。空气滤清器被灰尘阻塞后，进气阻力必然增加，导致可燃混合气变浓，使发动机的输出功率下降，燃油消耗增高。

湿式空气滤清器的清洗：（1）拧松空气滤清器壳盖螺丝，取下空气滤清器壳盖。（2）拧松滤芯固定钩，取下滤芯和支撑架，并使两者分离。（3）将汽油或清洗剂倒入清洗盆中，将滤芯浸入清洗液中并轻轻的捏洗。（4）用两手掌挤压过的滤芯，将脏清洗液全部挤出，不要用手拧绞滤芯，以免将滤芯绞裂。清洗时，应仔细看滤芯是否断裂或龟裂，若有损坏现象应更换新件。（5）如果滤芯和支撑架是固定在一起的。可将它在清洗液中浸泡10～15分钟，取出后将清洗液甩掉。（6）将清洗干净的滤芯表面滴几滴汽油机润滑油，使其略带油潮湿。（7）用干净抹布将空气滤清器外壳擦净，再将滤芯安装在支撑架上，然后按拆卸时的相反顺序安装。安装位置要正确，否则空气滤清器将起不到滤清作用。

干式空气滤清器的清洗：（1）拆下空气滤清器的滤芯，拆卸时要记住滤芯安装方向。（2）不要将滤芯弄湿，轻轻地振动敲打，也可以用压缩空气从内侧向外吹，将内部的灰尘吹净。(3) 用毛刷刷净外部的灰尘。(4) 清除干净后，应察看滤芯是否破损，若有破损现象，可使用粘合剂修补，若滤芯严重损坏或无法清除干净，应换新件。

蓄电池的使用与保养

1. 怎样启用新蓄电池

新蓄电池在启用之前，极板表面会有一定程度的氧化。存放时间越长，氧化越严重。加入电解液后，会出现急剧升温现象，充电时会表现出较大的电阻使充电困难。因此，启用新电池应做到：加注电解液后，静放 6 小时左右，待电解液完全浸透极板，温度下降至 35℃以下，接通电源进行充电；充电电流严格控制在规定范围内，如充电过程中升温过高，超过 45℃，可减少充电电流或停止充电；进行 1～2 次充、放电循环，以达到额定容量。

2. 新蓄电池怎样进行初充电

将电池正、负极分别接电源正、负极，首先用初充电电流充到电解液放出气泡，单格电压升到 2.3～2.4V。然后将电流降为1/2初充电电流，继续充到电解液放出剧烈气泡，电液比重和电压连续 3h 稳定不变为止。全部充电时间约为 45～65 小时。充电过程中应常测量电解液温度，若温度过高，可用电流减半、停止充电或冷却的方法，将温度控制在 35～40℃。初充电完毕，若电解液比重不合规定，应用蒸馏水或比重为 1.4 的电解液进行调整后再充电 2 小时，直至比重符合规定为止。新蓄电池第一次充电后往往达不到额定容量，应进行充、放电循环。用额定容量 1/20 的电流放电至单格电压降到 1.75V，然后再用补充充电电流充足。经过一次充、放电循环，若容量仍低于额定容量的 90%，应再进行一次充、放电循环。

3. 怎样维护蓄电池

（1）蓄电池在使用过程中，水分蒸发及充电时水的电解均会使液面降低，因此夏季每隔5～6天，冬季每隔10～15天应检查一次液面高度，并按需要加蒸馏水。除因泄漏造成的液面降低外，不允许添加电解液，否则电解液比重将高于1.300，以致缩短蓄电池的使用寿命。蓄电池液面应高出极板15mm，液面过高易外溢，腐蚀周围零件，还有可能使正、负极桩导通，引起自行放电；液面过低，极板上部容易露出液面，不但会使蓄电池容量降低，而且外露的极板会很快硫化。

（2）使用中的蓄电池因工作状况不同，常有充电不足现象（尤其是短途车辆）。出现下列情况之一时应进行补充充电：①电解液比重降至1.200以下；②冬季放电超过25%；③夏季放电超过50%；④灯光暗淡；⑤起动无力。补充充电分两个阶段进行。第一阶段以额定容量1/10的电流充电，到单格电压为2.4V，电解液开始放出气泡为止，一般需10～11小时。第二阶段将电流减半直至充足为止，一般需3～5小时。如果电解液比重不合规定，应予以调整，其方法与初充电相同。

（3）冬季使用蓄电池应注意：①保证电桩与导线接头连接牢固，接触良好；②在蓄电池上加装保温装置，以免温度太低，电阻增大；③按规定调整电解液比重；④在发动机运转，发动机向蓄电池充电时加蒸馏水，以免水和电解液混合不匀而引起结冰；⑤发动机冷起动时应进行预热，每次起动时间不超过5秒，重复起动应间隔15秒，如果三次起动不成功，应进行检查，不要盲目再起动；⑥经常使蓄电池保持在充足电状态，以防电解液比重降低而结冰，甚至损坏蓄电池。

蓄电池故障的检修

蓄电池的储电功能，是由极板上活性物质的多少和电解液的充入量及浓度来决定的。因此，正常的蓄电池，极板上必须有足够的活性物质，电池中必须有合适浓度的电解液，并能完全覆盖极板，否则，蓄电池的性能将受到不同程度的影响。

1. 电解液的检查

电解液的注入量必须介于壳体刻线上限与下限之间，或高出极板 10～12mm，充足电时其密度一般在 1.24～1.28g/cm^3 之间。若由于蒸发引起电解液干耗过多，应及时加注蒸馏水；若由于渗漏引起电解液量的减少，应及时加注电解液，并调整好密度使之符合规定。

2. 极板的检查

若充电电流过大，长期出现过充电，或者出现大电流放电，使极板温升过高，造成活性物质脱落。甚者，脱落物造成极板间自行放电。若蓄电池储电不足又长期放置，或者极板长期暴露在电解液外面，极板上易析出一层白色晶体，即硫化物。硫化物是硫酸铅的再次结晶体，难以溶解，在充电时不易参加作用。极板硫化越严重，充电越困难，蓄电池的容量也就越低。

经过短时充电，便发现电解液温升过高，并出现大量气泡，而电解液密度、蓄电池端压上不去，则说明蓄电池内部有短路或极板硫化。

极板出现轻度硫化现象，可做如下处理：

将电解液全部倒出来，注入密度为 1.06～1.14g/cm^{3}t 稀电解液，然后用 1/15～1/20 容量的电流慢充电，充电时电解液的温度不超过 40℃。当电解液中有较多气泡时，再将充电电流减小一半，直到电解液剧烈沸腾并有大量气泡出现。此时，可切断电源将电解液全部倒出，另换规定密度的电解液，仍用小电流充电。充足电后，再放电。用这种方法充放电数次，蓄电池便可基本恢复原先状况。

充电机损坏的原因及预防

摩托车维修场所充电机损坏的原因，主要是在连接蓄电池时，不慎将蓄电池的极性接反了。蓄电池的正极接线柱本应与充电机的正极连接线相连接，但却与充电机的负极连接线相连接了。蓄电池的负极连接线柱本应与充电机的负极连接线相连接，但却与充电机的正极连接线相连接了。根据充电机工作原理，充电机内的整流元件为整流二极管，整流二极管具有正向导通、反向截止的工作原理，充电机正常工作时，蓄电池正极接线柱实际上是与整流二极管相连接。整流二极管的正极为高电位，负极为低电位，变压器输出的交流电可以通过整流二极管转换为直流电给蓄电池。蓄电池的极性接反后，蓄电池正极接线柱与充电机的负极连接线相连接，实际上是与整流二极管的正极相连接了。蓄电池负极接线柱与充电机的正极连接线相连接，实际上是与整流二极管的负极相连接了。整流二极管的正极为高电位，负极为低电位，蓄电池就会经整流二极管对变压器放电，电子变压器的内阻较小，所以会形成较大的放电电流，将整流二极管和变压器烧坏，使充电机不能继续使用了。

为了防止烧坏充电机，除在使用充电机时正确连接蓄电池外，还应加上防范措施，如：在充电机输出线中增设过电流保险管，保险管的熔断值应大于充电机最大输出工作电流。一旦出现蓄电池极性接反现象，保险管立即会被蓄电池的放电电流烧坏，终止了蓄电池的放电电流，从而保护了充电机。

还可以专门使用一只带特殊标志的整流二极管，先接在蓄电池上，整流二极管的负极接蓄电池的正极接线柱。蓄电池正确连接时，不影响蓄电池的正常充电，一旦出现蓄电池极性接反现象，由于整流二极管的负极为高电位，正极为低电位，整流二极管不能导通，就防止了因蓄电池大量放电烧坏充电机，从而保护了充电机。

火花塞的保养方法

1. 火花塞的功能及特征

火花塞的作用是将点火线圈所产生的脉冲高压电引进燃烧室，利用电极产生的电火花点燃混合气，完成燃烧。国产火花塞的型号由三部分数字或字母组成。前面的数字表示螺纹直径，如数字 1，表示螺纹直径为 10mm，中间的字母表示火花塞旋入气缸部分的长度；最后一位数字表示的热型：1、2、3 为热型，5、6 为中型，7 以上为冷型。火花塞的间隙是其主要工作技术指标，间隙过大，点火线圈和分电器产生的高压电难以跳过，致使发动机起动困难；如间隙过小，会导致火花微弱，同时易发生漏电。

2. 火花塞的检查

（1）拆卸：将火花塞上的高压分线依次拆下，并在原始位置做上标记，以免安装错位。在拆卸中注意事先清除火花塞孔处的灰尘及杂物，以防止杂物落入气缸。拆卸时用火花塞套筒套牢火花塞，转动套筒将其卸下，并依次排好。

（2）检查：火花塞的电极正常颜色为灰白色，如电极烧黑并附有积炭，则说明存在故障。检查时可将火花塞与缸体导通，用中央高压线触接火花塞的接线柱，然后打开点火开关，观察高压电跳火位置。如跳火位置在火花塞间隙，则说明火花塞作用良好，否则，即需换新。

3. 火花塞电极间隙的调整

各种车型的火花塞间隙均有差异，一般应在0.7～0.9mm之间，检查间隙大小，可用火花塞量规或薄的金属片进行。如间隙过大，可用起子柄轻轻敲打外电极，使其间隙正常；间隙过小时，则可利用起子或金属片插入电极向外扳动。

4. 更换

火花塞属易损耗件，一般行驶20000～30000公里即应更换。火花塞更换的标准是不跳火，或电极放电部分因烧蚀而成圆形。另外，如在使用中发现火花塞经常积炭、断火，一般是因火花塞太冷，需换用热型火花塞；若有炽热点火现象或气缸中发出冲击声，则需选用冷型火花塞。

5. 清洁

火花塞存有油污或积炭应及时予以清洗，但不要用火焰烧烤。如瓷芯损坏、破裂，则应更换。

火花塞试火需要注意的几个问题

火花塞是发动机点火系统中最终执行点火的重要部件，也是点火系统中的“故障多发地”，它的作用是将点火线圈产生的高电压在火花塞端部跳过其设定的间隙，产生强烈的电火花，点燃燃烧室的可燃混合气，使发动机能连续可靠地运转，其功能正常与否将会直接影响发动机的性能和动力。在这里，就火花塞的几个故障问题进行一下简单介绍。

点火系统常见的故障是火花塞无火花或火花太弱。对此类故障一般都用一新火花塞套于高压包阻尼帽上，使用电启动或脚踏启动使发动机转动，按以下程序进行试验和排除：

1. 如新火花塞试验有火，火花呈蓝白色且发出“啪啪”响声。

对此，可卸下机上的火花塞套于高压阻尼帽上再试火。若火花呈暗红色或根本无火，说明是火花塞故障，应详细检查火花塞电极间隙是否有积炭或炭连，以及电极间隙是否正常（其电极间隙视火花塞不同型号而有所差异，一般在0.6～0.7mm或0.7～0.9mm之间，应以各车型使用说明书技术参数值为准），若通过清除火花塞积炭和调整电极间隙仍不能跳火，或跳出的火花极其微弱，说明火花塞已损坏，更换新火花塞再试火，故障即可排除。

2. 如试验无火，可将阻尼帽和火花塞一起卸下，使高压线头距汽缸盖4～6mm，再使用电启动或脚踏启动继续试火，有火，则说明高压阻尼帽有故障，装上新阻尼帽再试，有火即为正常；如火花较弱，则说明高压包电阻值有问题，可考虑检测高压包初级绕组正、负级之间的电阻值，以及初级绕组至阻尼帽的电阻值，如阻值太小，说明线圈内部有短路现象；如电阻趋于无穷大，则说明线圈内部有断路现象，不论短路或断路，都必须更换点火线圈。

我们在维修摊上看到，大多数维修工在检查火花塞电火花性能时，一般采取单纯拆卸故障发动机上的火花塞，装于高压包阻尼帽上进行跳火试验（即故障发动机上无火花塞）。这种试验方法比较简便易行，为维修工所广泛采用。但必须指出的是，有的发动机电气故障是由于高压包和电子点火器低速发火转速过高所致。若故障发动机点火系统最低发火性能差时，则最低发火转速将有所上升，有的甚至达到400r/min以上点火系统才能正常发火。

如果真的遇到了发动机点火系统的故障点为最低发火转速性能差时，采用这种简单的火花塞试火方法，人们可能会被其中的一些假象所迷惑。这是由于不装火花塞的发动机，因汽缸无压缩阻力，其启动转速大大高于有火花塞时的转速（启动转速约在400r/min以上），从表面上看，此时的火花塞确实有火花发出，但火花塞装上发动机后，使用电启动或脚踏启动时，因汽缸内存在一定的并气压力，其运转阻力加大，启动转速仅有 300r/min 左右。如蓄电池电压不足 12V 时，则启动转速更低，完全不能适应点火系统最低发火转速高于正常时的异常状态，此时发动机不能启动也就不足为怪了。

实践证明，单纯卸下故障火花塞试火的试验方法，存在着有时不能准确判断点火系统故障的现象，不但白白浪费了宝贵的维修时间，也易在排除故障时形成无意的人为“误导”。因此，在检查、排除点火系统故障过程中，如使用火花塞试火或高压包试火时，一定要在故障发动机上安装一只火花塞（不论其火花塞好与坏），有条件时，最好配合使用电子转速表测量启动转速。若使用旧蓄电池（电压在 12V 左右）启动转速为 300－350r/min，火花塞跳出的火花微弱，而使用新蓄电池（电压在 13.5V 以上）启动转速超过 400r/min 时，火花塞发出的火花呈蓝白色，即可得出初步结论：该发动机可能存在最低发火转速偏高的故障，可通过检测点火系统的各项电气性能，以及更换点火线圈和电子点火器进行对比试验，直至彻底排除故障为止。

火花塞使用维护七忌

1. 忌长期不清洁积炭。火花塞在使用中，其电极及裙部绝缘体会有正常的积炭产生，如果这些积炭长期不予清洁，会越积越多，最终导致电极漏电甚至不能跳火。所以应定期（一般为 3000 公里至 5000 公里）清除积炭，不要等火花塞不工作时才进行清洁。

2. 忌长期使用。火花塞型号繁多，但都有自己的经济寿命，如果超过经济寿命后仍然使用，将不利于发动机的动力性和经济性的发挥。有研究表明，随着火花塞使用期的延长，其中心电极端面会向圆弧形状变化，侧电极则向凹弧形状变化，这种形状将使电极间隙增大，并造成放电（即产生火花）困难，影响发动机的正常工作。

3. 忌随意除垢。有些人在对发动机喷银粉或进行其它维护时，不注意火花塞外表的清洁，致使火花塞因外表脏污而漏电。清洁外表时，不可图方便、快捷使用砂纸、金属片等除垢，而应当把火花塞浸入汽油中，用毛刷予以清除，以确保火花塞外表陶瓷体不受损伤。

4. 忌火烧。现实中，有些人常常用火烧的办法来清除火花塞电极及裙部的积炭和油污，这种看似有效的方法，其实是十分有害的。因为火烧时，温度难于控制，很容易将裙部绝缘体烧裂，造成火花塞漏电，而且火烧后产生的细小裂纹往往不易发现，给排除故障带来很大麻烦。火花塞上积炭和油污的正确处理方法一是用专用设备清洁，会有很好的效果；二是溶液清洁，将火花塞放入酒精或汽油中浸泡一定的时间，当积炭软化后再用毛刷刷净晾干。

5. 忌冷热不分。火花塞除了外形不同，尺寸各异外，还分为冷型、中型、热型三种。一般高压缩比、高转速的发动机宜用冷型火花塞；而低压缩比、低转速的发动机宜用热型火花塞，介于两者之间的还有中型火花塞。此外，新发动机或大修发动机与旧发动机的火花塞选型可根据实际情况有所不同。比如，在发动机较新时，选用火花塞应趋向热型；使用时间校长的旧发动机因性能下降，火花塞容易产生过多的积炭和被油污损，选用火花塞应趋向中型或冷型，以提高火花塞抗油污的能力。

6. 忌误诊错断。更换新的火花塞或怀疑其有故障需要检查时，应当在车正常运行一段后，停车熄火，拆下火花塞观察其电极颜色特征，可有以下几种情况：一是中心电极呈红褐色，旁电极及四周呈青灰色，为火花塞选型合适；二是电极间有烧蚀或烧熔现象，裙部及绝缘体呈灼白状态，说明火花塞选型过热；三是电极间及绝缘体裙部有黑色条纹，说明火花塞已经漏气。火花塞选型不当或漏气应重新选择合适的火花塞。

7. 忌安装过紧。火花塞安装时一定要符合规定的扭矩。用专用工具（即火花塞套筒）安装时，一般不会超过，但若用力过大、过猛或用梅花扳手安装时，则常会损伤火花塞瓷芯或使螺丝滑扣，膨胀槽断裂而导致火花塞报废；但也不可安装过松，否则会造成发动机工作不正常。

气门的维护与保养

气门是四冲程发动机配气机构的重要零件之一，它的工作性能是否良好直接影响着发动机动力的正常发挥。由于气门经常工作在炽热的气体环境下，其工况极为恶劣，容易引起异常磨损和意外的损坏。探析气门早期损坏的原因以及如何维护保养好气门是广大用户迫切关注的话题。

大家知道，发动机燃烧爆炸的过程是极为短暂的，时间大约在0.001～0.002秒，相当于30～60度的曲轴转角。而燃烧室内混合气的热量散发总需要一段时间，不可能瞬间完成，况且目前大多数摩托车发动机都在向高功率、高转速方向发展，其进、排气门重叠角较大，燃烧室内高压爆燃的高温热量无法一下子散发完毕。发动机工作时，进、排气门频繁开闭与气门座相互碰撞，同时受到汽缸内高温燃气流的强烈冲击以及燃气中的酸性物质的侵蚀，使气门锥面逐步发生催化、氧化，故而产生磨损，凹陷或斑点。倘若气门与气门导管油封唇口的密封性能逐步下降，会引起曲轴箱内的机油油雾在进气冲程时被吸入汽缸内，造成烧机油，使润滑油消耗量额外增加。经过日积月累，机油在高温高压作用下形成积炭并逐逐渐聚集，从而改变了发动机原有的压缩比，由此引发了发动机的炽热点火和爆震燃烧，再加上气门密封锥面工作性能的下降，部分燃烧气体产生了泄漏。这些诸多因素综合一起严重地影响了配气机构的正常工作，必然导致发动机过热，动力下降，车辆的加速性变差等一系列故障的产生。

通常情况下，气门损坏由以下因素组成：

1. 气门锥面及颈部的腐蚀磨损

发动机在工作过程中，进、排气门开关频繁，与气门座剧烈碰撞的频率甚高，倘若受到强烈废气流的侵袭和酸性物质的腐蚀，气门锥面就会逐渐发生氧化而产生早期磨损，其主要特征为：气门密封面上出现凹陷，颈部产生麻点，严重时表面呈蜂窝状。这种状态通常是由燃料、润滑油等油品的质量欠佳及不同牌号的油品混合使用后氧化变质所致。但其中有一点容易使人们忽视，就是车辆长期在尘土较多的地区行驶，而该区域空气中的酸性气体浓度又偏高，若空滤器得不到适时的清洁保养，气门锥面必然受到随空气吸入的酸气及异粒杂质的猛烈冲刷，天长日久就产生了腐蚀磨损。

2. 气门的烧蚀

(1) 众所周知，发动机燃气爆炸时的瞬间温度高达2000～2500摄氏度，即使在排气冲程时经过排气口时的废气温度也有770～930摄氏度，这么高的燃气温度其压力都在30～50kg/cm^{2}之间，为保证发动机正常工作的需要，要求整个燃烧室不能有丝毫的燃气泄漏。倘若气门的锥面上出现麻点，凹陷和酸性气体腐蚀后造成斑痕、蚀点，气门的密封性能将逐渐丧失。当排气冲程终了、进入冲程开始时，由于排气门关闭不严，废气会返回汽缸冲淡燃烧室内的新鲜混合气，从而降低了燃烧速率，由此影响了气门的散热和燃烧室内正常的热的平衡，使排气温度骤升、热负荷增大，最终导致气门边缘的烧蚀。

(2) 气门锥面的密封除了与气门座需保持吻合贴实外，气门弹簧压缩压力的下降（一般是由弹簧受高温影响散热变差而使其材料的弹性性能急剧下降，弹簧产生弯曲或自由长度缩短所引起的），也会造成气门工作面的泄漏。若散热条件得不到改善，最终将导致气门的烧蚀。

(3) 若发动机润滑系统工作不良，机油的润滑作用将会失去，使发动机产生过热，气门长时间处于燃气的高温高压工况而得不到适当的冷却，故而造成烧蚀，严重时还会产生裂纹，给配气机构留下致命的隐患。

(4) 气门间隙是为保证发动机配气机构正常工作而设置的。若气门间隙过大，气门机构将迟开早闭，不但使气门的开启时间缩短，还会造成进气不足、排气不畅并发出气门敲击异声，气门摇臂和气门机构在无数次的反复敲打冲击下，零件的强度将逐渐减弱，严重时会产生疲劳损坏，造成气门件的裂纹甚至断裂。气门间隙偏小时会使气门机构早开晚闭，发动机温度升高后零件受膨胀自然伸长而自动顶开气门，使气门与气门座关闭不严而引起漏气，从而造成汽缸内压缩压力下降并引发化油器回火，严重时会因燃烧不安全使气门大量积炭，并在强大的废气流的冲刷下最终形成烧蚀。

3. 门杆的磨损、弯曲和断裂

(1) 门杆的磨损一般是由于气门在工作过程中与气门导管孔异常磨擦而引起的。其主要原因是车辆经常处于低挡高速或大扭矩的爬坡工况，气门杆摩擦副的热量得不到及时散发而温度陡升使磨损加剧。气门与气门导管孔的配合间隙逐渐增大，气门杆在工作过程中来回晃动，使气门锥面产生偏磨而造成漏气

(2) 门杆端的异常磨损通常是由于其顶部堆焊的司太立合金粉质量太差，其硬度偏低经受不住气门螺钉的长时间敲击（即不耐磨）所造成。若车辆行驶1000～2000km后气门杆顶端就出现凹陷，需频繁调整气门间隙，则可判断为该故障。

（3）由于气门间隙调整不当或气门导管孔的直线度较差，气门在其孔内怠滞，活动受阻，使气门杆部摩擦异常，热量增加。若再超负荷行驶，气门杆的温度会急剧升高，促使其金属组织发生变化，零件材料的强度下降，气门杆外圆易产生拉伤。痕迹较深时会使气门回位不及时而造成进、排气门相互擦碰直至弯曲，如不及时停车可能会导致活塞运行上止点时与弯曲的气门相撞而使气门断裂或撞坏活塞顶。综上所述，气门损坏的后果是极其严重的，其损坏的因素也是多方面的，有时是相互牵连、相互影响的。

要想避免气门的早期损坏，延长其使用寿命，必须依照各型号车辆使用说明书的要求进行适时维护保养并切记以下几点：

①定期进行空滤器的保养，保持发动机“口腔”处的清洁，同时着重检查人们容易忽视的空滤器与化油器接口处以及进气管与汽缸盖处的密封状况，防止发动机“病从口入”。

②气门密封面最怕酸性物质的腐蚀，因此应严格按使用说明书规定的牌号正确选用燃油和润滑油，并按规定定期更换曲轴箱内的机油。在这里必须特别强调：禁止使用已氧化变质和假冒伪劣的油品，要知道它是气门产生异常磨损及早期损坏的主要原因之一。

③平时在操纵车辆时，需留神察听发动机的气门声（在怠速工况时，气门声听得较为清楚），如出现异声，应及时检查调整并注意在发动机状态工况下操作。

④若车辆经常长距离行驶且处于负载较大的工况，需特别注意每天首次启动时的状况，一旦出现车辆启动困难，即使是夏季也需加浓混合气才能勉强启动的话，此时可拆下火花塞，用手指塞住其孔，同时使油门处于全开位置，脚踩启动杆感觉汽缸压缩压力较小时，则说明进、排气门已磨损严重，应立即分解发动机。此时如发现气门锥面上有深沟或较多麻点，需进行必要的修磨，同时将燃烧室及气门的积炭全部清除干净；气门磨损严重或有明显弯曲时应予

更换，不可勉强代用。

⑤冬季使用车辆时一定要注意充分暖机，待机温升高后（即曲轴箱温度达到50摄氏度左右时）才能负载行驶，切忌冷车时猛加油门至最高转速。因为此时发动机的热状态不足，运动件及摩擦副表面上的油膜还未形成，猛轰油门极易使链条传动的气门机构形成粘着而回位不及时，使进、排气门相碰，严重时会导致气门断裂并打坏活塞顶。这种人为操作的意外故障已不乏先例，望广大车迷及用户予以高度重视。当然，摩托车发动机经过数万里的运转，不可避免地存在着不同程度的磨损（包括气门等运动零件）。

当发现发动机动力不足、压缩压力偏低、冷车启动困难时，应及时分解汽缸盖进行检查和修整，并根据不同情况分别进行适当地处理。

①气门杆部合金层出现脱落或气门产生烧蚀、裂偏等严重缺陷，应予更换。

②气门杆的弯曲超过0.03mm，气门顶部的歪斜偏摆超过0.02mm时，可将凸起部分置于手动压力机上予以校正，然后放在专用V型铁上用百分表进行检测直至合格为止。

③气门锥面上有黑色积炭和灰白色的氧化铅时，可将其放在煤油溶液里浸泡2—3小时，待气门上的堆积物泡软后，再用木制刮器或铜丝刷清除干净。

④气门锥面上的轻微麻点、斑痕、凹坑等，通常用手工研磨的方法来消除。研磨前先将气门、气门座及气门导管用汽油洗干净，然后在气门锥面上涂上一层薄薄的120#精研磨砂（不宜过多，以免砂液流入气门导管孔内），并在气门杆部滴少许润滑油，再轻轻地旋入导管孔。研磨时，持专用橡皮碗吸住气门顶部，用双手捻转其木柄来回旋转的同时不断变换位置。当气门工作面上磨出一条较整齐而无斑痕的接触环圈时，可将粗研磨砂洗去，再换用280#细

研磨砂继续研磨，直至气门面上出现一条均匀的灰色无光的环圈为止，然后洗去研磨砂，滴上少许润滑油继续研磨约 2 分钟即可。

修磨后的气门与气门座是否吻合，可用以下方法进行检查：

①在气门工作面上涂上薄而均匀的一层红丹油或蓝印油，轻轻的放入气门座内研磨数圈后取出，若气门座及气门锥面上有一圈不间断的痕迹存在，说明气门接触完全，密封良好；

②用 4B 或 5B 的软铅笔在气门锥面上划上若干条细线条（愈均匀愈好），然后将气门放入相配研的气门座内使之接触，旋转气门 1/8～1/4 圈后拔出，如气门锥面上的铅笔线条均被切断，也说明其密封状况良好；

③将气门安装在气门座中，用煤油或汽油（由于煤油渗透性较强，最好不要用其他油类代替），分别从进、排气门进出口处注入，静置 4－5 分钟，若无油渗出，则说明气门锥面密封良好。此方法检查起来比较直观，操作也方便，为广大车迷及维修人员广泛采用。

不过，有一点需要指出，气门与气门座配研时要仔细观察气门在气门座上的接触位置和接触宽度。正确的接触位置应在气门锥面的中间，其接触宽度为 1.0～1.5mm，如不符合要求，应分别使用气门座专用修整工具进行合适的修整，直至符合规定值为止。

怎样清洗油箱

摩托车油箱是用薄钢板冲压滚焊制成的。为了防止汽油的腐蚀，油箱内表面都经喷砂并磷化处理或烧届搪瓷。油箱的顶面制有加油口，在加油口上带有橡皮圈的油箱盖。在油箱盖上钻有小通气孔，以保持油箱内部与大气相通。

摩托车每行驶 5000～6000 公里，要清洗油箱。清洗油箱时，应注意以下事项：

1. 清洗油箱时，必须将油箱拆下进行。先拧下油箱固定螺栓，卸下油箱，然后装入少量汽油，上下活动油箱，进行冲击清洗。若油箱内壁已生锈，可装进少量的铁砂或废螺母往返冲击多次，最后用汽油冲洗几次，直至干净为止。

2. 若油箱有漏油、渗油现象，可用气焊或锡焊补牢。焊补之前，要先用开水多次冲洗油箱，在空气中晾干后，再进行焊补。否则，会因焊补的高温，使油箱内部残存的汽油燃烧，引起油箱爆炸，造成事故。

3. 油箱开关应拆开清洗，并用毛刷洗净滤网上的脏物。切不要用棉纱擦抹油箱开关的零部件及油箱内壁，以免造成化油器的堵塞。

4. 油箱盖上的孔应保持畅通，若有堵塞现象应导通。油箱盖上的橡胶密封垫要保持完好，若有损坏，可用耐油橡胶自行配制。

如何正确更换制动液

为正确合理地使用摩托车制动液，应切记以下几点注意事项：

1. 制动液必须在低温条件下贮存，防止灰尘、杂质和水分的混入，不可露天存放。贮存过程中一旦发现有白色沉淀物或其他杂质，一定要沉淀过滤后再用，已混入水分的制动液不得重新使用。

2. 使用中，应经常查看系统中是否有白色沉淀物或其他杂质。一旦确认，应及时把系统内的制动液放出，置入干净的玻璃器皿中沉淀数小时，滤掉沉淀物后再使用。同时，应对系统进行一次彻底的维护保养，使系统保持洁净畅通。酒精是最合适的清洗剂。其他溶剂或汽油则不能用于清洗防尘罩、油封、止回阀总成等橡胶件。金属件可以用溶剂清洗，组装前所有零件都必须用酒精清洗并浸泡在制动液中。

3. 主油泵油池中的制动液要经常保持在上、下界限之间，低于下界限后要及时添加，以防空气进入系统产生气阻，造成制动失灵。

4. 在更换或添加制动液时，一定要严格按照摩托车使用说明书的有关要求，选用同一规格、同一牌号的制动液。各种牌号的制动液不能混合使用和混合存放，以免产生化学变化而影响它的使用性能。如果买不到与原车牌号一致的制动液，最好选用合成型制动液。尽管价格高一些，但使用效果极好。在更换制动液时，必须将系统中的原制动液清除干净，并对系统进行一次维护保养。

5. 摩托车液压系统每年应清洗一次，更换一次新鲜制动液，以清除陈旧制动液的胶结、水分沉积和橡胶微粒等杂质，使制动系统经常保持洁净畅通，确保制动系统安全可靠地使用。

6. 更换制动液，最重要的是必须排尽系统内的空气。现作简要介绍：首先应将主泵油池内的油补充至上界限线，在分泵的放油阀处接上放油管，并使分泵内注满油。然后按下列步骤进行操作。

（1）握紧制动手柄，将分泵的放油阀松二分之一圈后再拧紧。

（2）慢慢地松开制动手柄，让它完全复原并保持数秒钟时间。

（3）重复（1）、（2）项目的操作，直到分泵的放油阀处的气泡冒完为止。

需要说明的是，有时经上述操作后，主泵油池内的油会减少到下限线附近。此时，应及时补充至上限线。根据分泵放油阀处气泡的冒出情况，确认空气排尽后，再将主泵油池的盖板装好。为避免水分的浸入，添加或更换制动液的操作，最好选择在气温较高、湿度较小的晴好天气进行，并注意不要使用已泵出的制动液。在操作过程中，尽量不要将制动液溅到摩托车的任何零件上，因为制动液会腐蚀油漆和橡胶件，若制动液不慎溢出，应立即用清水冲洗干净。同时应注意不要将贮油盖打开时间太长，防止水分或灰尘进入制动系统内。

摩托车自燃及预防

摩托车发生自燃，会在一瞬间变得面目全非，此时人们往往会措手不及。即使是扑救及时，摩托车的油漆、盖板、座垫、电缆等也会被烧得遍体鳞伤；如扑救不及时，转眼间，全车将化为灰烬，惨不忍睹。更为不幸的是，在行驶中烧车给人身安全带来了巨大的伤害。

摩托车自燃是天灾还是人祸？能预防吗？很多人会百思不得其解。本文从故障的原因入手，列举了各种摩托车自燃的可能性及预防措施，值得诸位参考。

摩托车自燃起火，主要原因是电器的接头、导线自行搭铁跳火，产生的高温点燃了易燃的油漆、泄漏的汽油或易燃品所致。所以，漏电或搭铁跳火是关键，而减少燃油泄漏也是尤为重要的。

1. 漏电或搭铁跳火

(1) 高压点火漏电跳火

发动机工作时，点火线圈的温度很高，使高压点火导线的包皮软化、老化、裂损、点火高压电易穿透包皮（裂损处）与车体零件（搭铁）之间跳火。跳火正好与车架油箱的油漆、化油器漏的汽油相接触，导致点火燃烧。

火花塞帽由于高温也时常有裂缝，密封不好，若有油垢、脏物，很容易产生高压电漏电跳火，再加上汽缸头温度高，有油迹，最容易着火。

高压电漏电跳火所引起的烧车现象常见于摩托车工作或行驶状态，它是最危险的故障，平时应勤检查、勤保养、谨防高压漏电的发生。

（2）电器、开关、导线断路跳火

所有的电器、开关、导线尽可能是通低压点，但只要有断路、接触不良、线缘损坏，都有可能出现搭铁而跳火。

常见的故障有：电缆线与车架、线夹之间由于震动摩擦产生“破皮”；前灯、点火开关等诸多开关导线由于与转向装置、方向把的运动摩擦、震动而产生断路、接触不良、破皮；尾灯、制动灯导线由于后论、挡泥板的运动冲击、摩擦而产生“破皮”；灯座安装处由于震动、连接件的破损而使绝缘件松脱、损坏等都会在摩托车行驶或停车时自行搭铁而长时间跳火、产生高温，引起电器、开关、导线的绝缘（或包皮）破坏，进而加大跳火范围，扩大高温区域，最后导致与油漆、泄漏的汽油、易燃物品等接触而燃着火。

（3）电器失效短路

常见的后制动灯由于触点烧结而失效，使用一次就较长时间地搭铁，致使大电流通过导线而烧熔绝缘，引起大面积漏电、高温造成油漆、泄油等易燃物着火。

防止漏电、搭铁跳火等故障发生，其关键措施如下：

①经常检查点火开关、蓄电池、启动继电器、电动机、保险丝等大电流的电器件接线柱、导线的连接、绝缘等是否可靠，及时地纠正不可靠情况。严禁用超大容量的保险丝或铜丝。

②经常检查运动零件、车架、油箱、化油器、座垫等油漆件、漏油件、易燃物周围的导线、插接头、开关件、线夹等处是否有“破皮”、接触不良，及时纠正有可能搭铁的不良状态。

③定期检查主电缆、分导线的绝缘包皮是否有损伤，及时加包绝缘胶布，特别注意线夹上不得有尖、利的毛边，固定加紧要适当，不得过紧，损伤其绝缘包皮。

④定期检查电器、开关、灯座、制动灯开关的插接头（或连接

头）是否有松动或脱落；导线是否有交叉线或破皮现象，及时维修及保养。

2. 燃油的泄漏

泄漏的汽油是最可怕的易燃物，防止燃油泄漏是非常重要的。

（1）油箱漏油

油箱盖的密封很重要，特别是在高温气候时易产生大量的汽油蒸汽泄漏，尤其是油箱里装满了油的时候。

检查油箱开关处是否有泄漏现象，更换密封垫，按规定力矩拧紧油箱开关或滤油杯。

（2）化油器漏油

当进油针阀关闭不严密的情况下，或化油器浮子室油平面过高，在震动状态下，都会造成化油器溢油管溢油。

化油器浮子室密封垫破损，或螺钉松动，都会造成浮子室漏油。

在高温气候时，化油器浮子室内汽油也会被气化泄漏。

（3）停机滥用加速泵引起泄漏

停机状态下若滥用加速泵，将许多汽油喷入化油器喉管和进气管内，在高温气候时汽油迅速汽化而泄漏出来。

停机状态下的化油器、喉管中汽油汽化后均通过浮子室通气管、空气滤清器或软管接头（有漏气的状态）处泄漏到车架、坐垫等空间里，在这一区域若出现搭铁跳火，马上就可以自燃着火。

3. 停车位置不当

应注意摩托车的停放位置，若“燃烧环境”良好，又出现搭铁跳火，最容易发生摩托车自燃着火。

（1）高温气候

灼热的夏天，临时停车在马路边，摩托车曝晒于烈日下，汽油蒸气泄漏较多，若某处搭铁跳火，则是“一点就着”。

（2）密闭不通风

摩托车停放在密闭不通风的小房间里，特别是锅炉房、配电房、贮藏室等处，若是内温度过高，则加速汽油的挥发，在密闭的空间里形成“可燃性气体”，如遇到某一电器、导线出现搭铁跳火或其他火源，则必烧无疑了。

摩托车熄火后，首先关闭点火开关、油箱开关，将其停放在通风、阴凉的位置，待完全冷却后再推入“车库”内。

经常清洗摩托车，常用电表检查电器、开关、导线是否有漏电现象、加强汽油（含汽油蒸气）泄漏检查。及时排除“漏电”、“漏油”、“漏气”等故障，更换不良件，确保摩托车电路和油路的安全、远离“火源”或“燃烧环境”，则摩托车自燃烧车的可能性就会自行消除。

摩托车电子防盗四法

摩托车防盗措施目前主要有安装机械锁和电子防盗器。对于机械锁具，窃贼一般借助撬锁工具用外力破坏车锁；而对于电子防盗器，小偷的破解方法主要是使防盗器的工作电源消失。这类方法有：

一是短路法。小偷利用裸露在外的或剪断直流电源的正极线再进行搭铁短路使电源保险熔断，或将转向灯罩打开把灯泡短路后再敲打车子使电源保险熔断。这样电子防盗器就停止工作了。

二是拆卸电瓶法。小偷用工具拆下电瓶使工作电源消失。

防范措施：

1. 车子的线路要整洁规范，不要随意散落，最好用胶带整束捆扎。

2. 电子防盗器不要接上转向灯，报警喇叭最好安在手或工具探不到的地方。将防盗器灵敏度调高一些。

3. 有条件的可以在车上隐蔽位置装一个专供防盗器使用的附加小电瓶，与主电瓶并联使用。

4. 对于电瓶一侧的护板没有加锁的车子（如 EN125、GS125），可采用牵引联动防盗法：

防盗器主机安在空滤器盒子的上方。打开座包，拆下护板，用一细铁丝将主机拴好，铁丝的另一端拴在护板内侧卡口上，调节好铁丝的松紧度。如果小偷拆下护板，势必会拉动防盗器主机，这样就会触发报警。

维　修　篇

摩托车故障巧识别

1. 引擎失常

故障：

(1) 检查油路，包括：①油箱油量；②油路开关是否堵塞。

(2) 检查电路，包括：①蓄电池储电量；②控电总保险；③高压包、白金、电容、火花塞（是否损坏）。

(3) 排除 (1)、(2) 正常之后请检查：缸体压缩比是否正常（用缸压表测缸压）；缸压不足：请检查缸体、活塞、活塞环、气门是否损坏。

2. 发电失常

故障：

(1) 明显的加大油门后充电指示灯不灭：①请先检查发电机转子是否损坏；②电压调节器是否损坏。

(2) 充电指示灯似灭似不灭：①发电机线路是否有松动；②整流器是否损坏；③发电机碳刷是否磨损。

3. 离合器分离不彻底

故障：

发动后难找空挡；离合器握把拉紧后车依然前行：①调整离合器线高度。②更换分离小件。

4. 车起步不平稳

故障：

(1) 离合器片上沾有机油。

(2) 传动圆盘损坏。

5. 车运行没有高速

故障：

（1）高压不足。

（2）化油器损坏。

摩托车疑难故障分析

配置四冲程发动机的 50 型轻便坐式摩托车，投入使用后，有时会发生一些疑难故障，因故障疑点确认比较困难，给故障的排除工作造成了一定的难度。

疑难故障通常有以下现象：

1. 摩托车操纵性能突然变差，发动机启动着火后，慢慢加大节气门开度，发动机工作转速不能随之慢慢升高，摩托车也就不能起步行驶。继续加大节气门开度，发动机工作转速会突然提高，造成摩托车起步发冲。

2. 摩托车行驶性能突然变差，摩托车行驶不时发冲，不能匀速行驶。

3. 摩托车启动性能突然变差，发动机时有启动困难，费很大气力和多种启动技巧也不能启动发动机，但有时发动机又突然变得很好启动。

4. 摩托车行驶中发动机有时会突然熄火，再次启动发动机时，有时发动机很好启动，有时发动机则很难启动。

5. 发动机启动后，慢慢加大节气门开度，发动机工作转速不能随之升高，即使节气门接近全开时，发动机工作转速也不能升高，发动机始终保持稍高于怠速转速。

在排查故障时，对发动机、点火系统、燃油系统进行了检查、检验、检测，可以确认高压电火花强烈，化油器工作正常，发动机配气正时符合技术要求，汽缸压缩良好，就是未能查到能够确认的故障疑点。通常只好对故障概率比较大的火花塞、电子点火器、点火线圈等进行更换，或对化油器进行反复清洗、调整。检查作业结束后，有的发动机当时工作是正常了，但是以后故障经常复发，说明故障未能彻底排除，当然，也有遇到故障不知不觉排除了的情况。

上述故障有时单一发生，如摩托车行驶发冲故障。有时则几个故障同时发生，如发动机突然熄火，发动机启动困难故障。

用户在使用摩托车时，积累了对付故障的经验，当摩托车行驶中发生故障时，也有了自己排除故障的应急方法。来自用户的信息，如当摩托车启动行驶，加大节气门后发动机工作转速不能提高时，只要轻轻握紧左手制动手柄（即后制动器操纵手柄），故障现象就会消失了，摩托车就可以正常起步行驶。又如，当摩托车行驶发冲时，只要开启前照灯或转向信号灯，故障现象就会消失，摩托车就又可以正常行驶了。

摩托车维修人员在检修作业中，积累了排除故障的经验。来自维修人员的信息，当发动机时有启动困难故障时，维修人员在点火线圈的接地线并接一根导线，导线的另一端直接与发动机机体相连接，摩托车时有启动困难故障就可以排除了。

通过对故障排除实例进行分析，可以初步认定故障的发生与摩托车的电气系统有关，可是在对电气系统进行检查、检验、检测后，又很难发现并确认故障疑点。

在摩托车进行了反复观察，对比分析后，最终可以认定是发动机的特殊悬挂造成了故障隐患。发动机的前部不是直接与车架相连接，而是通过一个连接架与车架相连接，连接支承点使用了缓冲胶套，极容易造成电气系统接地回路不畅通。轻骑木兰 50 型轻便摩托车，发动机的前部是直接与车架相连接的，就很少发生类似故障。而有着类似发动机悬挂装置的二冲程发动机摩托车，却有发生类似故障的记录。说明采用发动机前部通过连接架与车架相连接这种悬挂方式，不管是配置四冲程发动机还是二冲程发动机，均会发生相同故障，说明与发动机无关。

摩托车电气系统的连接线路采用了单线制，电气设备的工作回路，一路使用了导线进行连接，另一路则是由摩托车的金属构件，如车架、发动机机体等进行连接。单线制线路的优点是以全车金属构件作为公共接地点，可以节约连接导线，安装比较方便，进行线路检修也比较省力省时。

摩托车的金属结构的连接比较复杂，其连接支承点也比较多，存在着接触电阻，但因接触电阻平时很小，小得可以忽略不计，所以不会影响全车电气系统的正常工作。摩托车投入使用后，受使用条件的影响，连接支承点就产生诸如松动、锈蚀等现象，使连接支承点的接触电阻增大，导致全车电气系统的接地回路电阻值增大，就会对全车电气系统的正常工作产生不良影响，尤其是对点火系统的正常工作产生不良影响。轻者导致发动机启动困难，摩托车行驶发冲等故障现象；重者点火系统不能投入工作，导致发动机无法启动。

点火系统中的触发绕组，工作时输出的工作电压很低，工作电流很小，如果摩托车电气系统接地回路接触电阻值增大，就不可避免地使触发绕组输出的工作电压进一步降低，工作电流进一步减小。电容放电点火方式点火系统的点火提前角多为波形进角，触发绕组输出工作电压的降低，工作电流的减小，势必导致影响点火提前角的准确性，诱发诸如发动机启动困难、动力不足、加速不良等故障。

在排除类似故障时，应首先考虑并检查全车电气系统接地回路是否良好，可以使用多设置接地线的方法来进行检验或排除故障。

根据摩托车电气系统检修经验，彻底根除故障的最佳方案是：改善电气系统接地回路的工作条件，增设电气系统接地回路连接导线，增设接地线连接点，确保电气系统接地回路的畅通。

接地线连接点的增设：

（1）摩托车前部—稳压整流器的安装部位。

（2）摩托车下部—车架与连接架的紧固螺母安装部位。

（3）发动机机体—靠近磁电机的紧固螺钉（母）安装部位。

尽可能选择线径粗一些的连接导线，将上述连接点清除干净，装好连接导线，确实保持良好的接触。增设电气系统接地回路连接导线后，就可以避免或减小因电气系统接地回路不畅引发的诸多故障。

摩托车生产厂家在制造摩托车时，首先增设电气系统接地回路连接导线，不仅可以减小摩托车故障发生率，提高完好率，还可以减少不必要的售后服务工作费用。

摩托车常见故障原因分析

1. 发动机启动困难

通常出现的启动困难主要有完全不能启动、早晨不能启动、停止后不能启动、重新启动时不能启动等现象。其原因可能出在点火系统、燃油系统和压缩过程。无论在哪种情况下，发动机启动要有三要素，即“足够的压缩压力、强火花的正时点火、适当的可燃混合气”。如具备了这三要素，发动机就能正常启动。

（1）若压缩过程发生异常，压缩压力就会下降。在很多情况下，压缩压力下降将会引起熄火及启动困难。在这种情况下，通过测量压缩压力、检查气门间隙等，就能够掌握大致的原因所在。压缩压力下降的主要原因有气缸垫片损坏、活塞、活塞环、气缸磨损、曲轴箱配合面密封不良、气门贴合不良、气门相位异常、簧片阀贴合不良等。压缩压力过高的主要原因有燃烧室积炭、活塞顶部积炭等。

（2）如燃油系统出现异常而不能获得适当的混合气，发动机启动就会变得困难。无燃油或供油不足的主要原因有化油器浮子室无燃油、针阀被粘接、燃油管及滤清器被堵塞、燃油箱盖被堵塞等。早晨冷启动困难的主要原因有汽油在低温条件下挥发性较差及由于低温状态下的机油粘度升高，发动机内部阻力增大而旋转速度降低，因此空气流速也变低而导致汽油不能充分雾化。行使后停止发动机，再启动时不能启动的原因是由于发动机温度高而使化油器内的燃油温度升高而引起浮子室内的燃油沸腾导致混合气过浓而不能启动。

（3）点火系统的原因是因为不能获得强的火花而熄灭。造成这种现象的主要原因有没有足够的电流、点火正时不对及火花塞故障等。没有足够电流的原因有电气配线故障、主开关故障、发动机熄火开关故障、点火线圈故障、磁电机故障、火花塞帽故障、蓄电池故障等。火花塞故障的主要原因有热值不适、电极磨损、陶瓷部分破裂、垫圈凹陷断裂、积炭等。

2. 功率不足

关于功率不足的抱怨几乎都表现在“功率不足”、“速度上不去”、“加速性差”等方面。其原因有发动机的故障（燃油系统、进气系统、排气系统、冷却系统、压缩过程、点火系统、润滑系统）、传动系统故障（离合器、车轮、传动链、变速器、换挡）、制动系统故障（制动卡钳、盘式制动片）等。

（1）燃油系统方面的原因大都是由于可燃混合气过稀及进气量不足造成的。应检查化油器及油路方面有无故障。

（2）进气系统方面主要是进气阻力增大、进气量不足造成功率下降。应检查空气滤清器、簧片阀等。

（3）排气阻力增大并导致发动机转速上不去，这样便不能将足够的可燃混合气吸入燃烧室，从而引起功率不足。

（4）发动机过热、过冷都可能引起功率下降。过热的原因有运行条件苛刻而引起过热、冷却系统不良引起过热、调整不当或保养不当等引起过热。

（5）压缩压力不足也会造成功率不足。

（6）离合器打滑、轮胎充气不足、传动链条拉长及制动器打滑等都可能会造成功率不足。

3. 发动机的异常声音和噪音

发动机在运行过程中可能会产生各种噪音和异常声音，但要判定其是否异常及异常状态却因个人的经验不同而出现不同的判定结果。常听到的异音如下：

（1）活塞敲击声（铿铿）：发动机温度低时敲击声音大，随着温度升高敲击声音变小或停止。其原因可能是活塞的侧向敲击。

（2）顶杆声（咔叽咔叽）：温度低时声音小，预热后顶杆声音变大；在行使过程中突然发出大的顶杆声。其原因可能是阀和阀座接触不良。

（3）链条声（嘎啦嘎啦/咔叽咔叽）：在发动机启动时发出此声音，过一会消失。其原因可能是链条张紧器不良。

（4）活塞环声（咭里咭里）：其原因可能是活塞环的磨损造成，应检查活塞环有无损伤、开口间隙及侧隙是否正常等。

（5）连杆大端声（咯噔咯噔）：连杆的间隙大，所以振动也大，转速升高更严重。其原因可能是连杆大端轴承磨损及曲柄销磨损等。

摩托车行驶无力现象分析

摩托车行驶过程中感觉无力，主要有以下几个原因：

1. 发动机功率不足；

2. 离合器打滑；

3. 传动皮带过松；

4. 制动器处于半制动状态。

如果行驶过程中感觉发动机转速很高，但车速上不去，则可能是离合器或传动皮带打滑，此时可先检查离合器握把自由行程或传动皮带的松紧程度是否合适，若不合适应进行调整。如果经调整后不见效果，可进一步检查排除。若离合器或传动皮带均工作正常，则属发动机功率不足。发动机功率不足的原因很多，在此不再赘述。

摩托车制动系统故障分析

刹车失灵，即制动系统出现故障，一定要及时加以调整或检修，绝对不能“带病”行驶。

刹车失灵，要从以下两方面进行检修：

1. 检查脚踏板或手制动握把自由行程是否过大。通常脚踏板踏下 1.5cm 左右就应当制动生效；手制动握把自由行程一般在 1cm 左右。自由行程过大了刹车不灵，过小了容易自行刹车，影响滑行性能。

2. 制动失效大体上有以下几种情况：

(1) 制动蹄片上沾有油或水，蹄片与制动鼓打滑。如果沾油不多，可用汽油洗净晾干再用；表面太滑时，需用锉刀磨毛。同时要检查油是从何处渗漏到刹车鼓上的，以便及时排除。摩托车淌水时，会因刹车鼓进水而造成刹车失灵；可用间断制动的方法，使蹄片温度上升，以便水分很快蒸发。

(2) 制动蹄片磨损过大，需另换新蹄片。

（3）新蹄片与制动鼓贴合不良，制动无效。这时应拆下蹄片，涂上白粉笔印，并装回鼓内研磨，磨出高点部位，再用锉刀将高点锉掉。如此反复几次，使贴合面积达到75%以上就可以了。

（4）除上述几项外，制动钢丝折断，制动轴变形，制动凸轮磨损过大等都会造成制动失效。这些应视具体情况具体分析。

（5）制动蹄不能及时回位。当放松握把或踏板时，前后轮有阻滞现象，这样既影响车的滑行性能，也会使蹄片磨损加快。造成这一故障的主要原因是制动蹄回位弹簧的弹力减弱或折断，应及时更换断弹簧并进行适当调整。

摩托车制动不良的故障检修

摩托车制动后，出现制动手把、踏板、活塞回位困难和制动无法解除等现象时，叫制动不良。主要有如下表现：

1. 鼓式制动系统故障

（1）手把、踏板回位弹簧不正常

检查前制动臂拉杆上的回位弹簧，若弹力过弱，应更换；检查后制动踏板的回位弹簧，若弹力过弱、折断，应更换；若是脱挂，应正确安装好，并挂牢挂钩，防止再次脱钩。

（2）钢丝拉索、拉杆运动受阻

钢丝拉索因缺乏润滑而生锈，导致卡住无法运动，在其外套内滴加机油，来回拉动钢丝排除锈垢。

拉杆因撞击产生弯曲变形，导致运动受阻，使手柄、踏板无法回位，拆卸拉杆并校直，可继续使用。

（3）制动臂连接不良

制动臂安装若与拉杆不在同一平面上，也容易使制动臂回位困难。松开制动臂上的夹紧螺栓，使制动臂与拉杆处在同一平面上，再拧紧螺栓即可。

(4) 制动凸轮磨损严重

制动臂摆动角度若大于 40 度，制动凸轮过度磨损。在制动凸轮推力面上，由于磨损严重形成台阶或平台，致使凸轮卡死、回位受阻，始终顶住制动蹄块，制动难以解除，因此应更换制动凸轮轴。

(5) 制动蹄不正常

制动蹄若安装不正确，可能引起制动时与制动鼓粘连，导致回位困难，制动难以解除，为此要保证制动蹄与制动鼓之间的间隙不小于 0.50mm。

2. 盘式制动系统故障

(1) 手把、踏板回位困难

制动油泵上的手把安装座若变形，会引起手把回位困难。可锉修安装座，使手把运动灵活。

后制动油泵的踏板回位弹簧若弹力过弱、折断，应更换，以保证踏板能正常回位。

(2) 制动油泵回位受阻

由于制动油太脏使活塞卡死，无法正常回位，导致无法解除制动，应清洗制动油泵并更换干净的制动油。

若因单向阀阻塞、卡死，造成制动油无法返回储油室，应清理单向阀上的沉淀物和锈垢，使其恢复正常运动。

(3) 制动钳工作不正常

摩擦片因其回位弹簧片损坏，丢失弹力或因锈垢、油泥阻碍，使摩擦片回位运动受阻，致使无法解除制动。为此，应拆卸制动摩擦片和支承销进行清理；检查回位弹簧片，若弹力过弱或损坏，应更换，再正确地安装好摩擦片、回位弹簧片，使摩擦片运动灵活。

若因制动油太脏，使制动钳活塞卡死，造成摩擦片不能回位，无法解除制动。可拆卸制动钳、活塞，彻底清洗制动钳、油缸和活塞，清除沉垢，并检查活塞密封圈，若弹力过弱无力使活塞回位，应更换。

摩托车电器系统故障分析

摩托车上的电器系统在使用过程中经常会发生故障，而排除电器系统故障的关键是正确诊断故障所在的部位。本文介绍几种常用的故障诊断方法，供大家在实际维修中参考。

1. 逻辑分析法

逻辑分析法是诊断电器系统故障的主要方法。用该方法诊断故障时，可按以下步骤进行：即观察、分析、测试。当一辆摩托车电器系统发生故障后，首先要仔细观察故障现象。如果对故障现象观察了解不准确，就会使分析、判断失误，耗时又耗力。

在分析故障时，要根据所修车辆的电路特点，以故障现象为依据、仪表测量为手段，逐步缩小故障范围。

测试作为诊断故障的一个重要手段，不仅可以为诊断故障提供依据，使故障分析更为具体、准确，而且通过测试，可以直接找出故障部位。

例如，一辆幸福250摩托车不能启动，经检查油路正常，蓄电池电量充足，但高压不跳火。由此分析，可以认为故障出在点火电路。根据该车点火电路特点，当断电器白金触点张开时，由于触点两端电压无穷大，故整个回路的电压加在白金触点两端；当白金触点闭合时，整个回路电压基本加在点火线圈低压绕组两端。让白金触点张开，用万用表直流10V档测量白金触点两端无电压，而测量点火线圈低压绕组两端却有6V电压。据此判断，点火线圈低压绕组没问题，故障有可能是由于白金活动臂搭铁或并联电容击穿引起的。拆下并联电容用万用表电阴档测量，电容无击穿现象。故此可以肯定，故障原因是白金活动臂搭铁。

2. 部分排除法

当某一部分电路发生故障时，并不是这一部分电路中的所有电器和导线都有故障，而只是其中的某一电器或某一段导线有故障。为了尽快地诊断出故障所在部位，可用短接部分电路的方法来逐步缩小故障怀疑范围。这里仍以幸福250型摩托车转向指示灯不亮的故障为例，来说明怎样用部分排除法诊断故障。首先打开点火开关，按喇叭按钮，喇叭声音洪亮，说明蓄电池电量充足；扳动转向灯开关，前后转向灯均不亮，说明故障出在转向灯电路部分。再打开大灯，用一根导线短接转向灯开关至闪光继电器的电路部分，即让导线一头接端子A，另一头接端子I，这时左前后转向灯都亮；然后将导线接端子I的一头接在端子B上，这时右前后转向灯都亮。故此证明故障发生在转向灯开关至闪光继电器这一段电路上。用导线短接闪光继电器后扳动转向灯开关，转向灯亮，证明闪光继电器损坏。

3. 试验检查法

试验检查法是让某电器在一特定条件下工作，检查其损坏与否的一种方法。这里以长江750摩托车为例，介绍用试验检查法怎样诊断不充电故障。长江750使用6V、65W单极并联自励式直流发电机，配有PP—31型调节器。发动机启动后达到一定转速时，如果位于大灯壳上的充电指示灯不熄灭，而断开蓄电池正极引线，发动机便熄火停转，即说明有不充电故障。这种故障产生的原因较为复杂，用试验检查法诊断则较简单。首先检查充电电路部分的外部接线，看是否有断线或接线松动情况。如无异常，即需将发电机拆下进行检查。由于直流发电机具有逆使用的特点，故可将发电机接在蓄电池上做电动机进行运转试验。方法是：将发电机电枢桩头

（AW）接蓄电池负极；磁场枢头（W）与发电机外壳并联后接蓄电池正极，这时发电机应有1000r/min以上的转速。如果发电机不转或转速很低，即证明发电机损坏，从而不能充电。

4. 器件替换法

对于摩托车电器系统发生的某些故障，用器件替换法诊断会更为方便。如对火花塞、白金并联电容、点火线圈等器件，用万用表检测其好坏较困难，但用替换法验证则较容易。器件替换法特别适用于在没有仪表检测的情况下使用。需注意的是，当电器系统发生故障时，要根据故障现象和电路特点进行分析后，对怀疑的器件进行替换检验，而不要盲目替换。例如有一辆幸福250摩托车无法启动，经检查压缩良好、油路正常、点火正时，作缸外跳火试验，火花塞有火。根据故障现象分析，估计是由于火花塞性能下降，在汽缸内高温高压下不跳火或火花弱引起的。将一个完好的火花塞换上去试验，故障消除。

上面介绍的四种故障诊断方法各有特点，互相补充。在实际维修中，可根据具体情况选择使用，以求快速准确地诊断排除故障。

摩托车发动机连续烧瓦故障原因及其排除

发动机连续烧瓦，是指发动机因某种原因造成烧瓦故障，经维修后工作不久、甚至在修后试车时又发生烧瓦故障，严重影响了发动机的工作效率和维修成本。

导致发动机连续烧瓦的直接原因是维修和使用不当，其主要原因有以下几点：

1. 烧瓦后曲轴产生变形和损伤，修复时未经校正和修磨。 发动机烧瓦抱轴时，曲轴极会受到弯曲和扭曲作用力，高速旋转的曲柄连杆机构受到猛烈制动，曲轴极易产生弯扭变形，颈轴表面会受到烧蚀、划痕、失圆等不同程度的损伤。修复时若不检查、校正和修磨曲轴，只是单纯地换瓦，因瓦轴与轴颈配合关系被破坏，曲轴各主轴颈、连杆轴颈的同轴度差，摩擦加剧，会导致连续烧瓦。因此，烧瓦后一定要仔细检验和修磨曲轴，并严格按照修理尺寸研配轴瓦。

2. 烧瓦后未更换脏污变质的机油。 有些驾驶员为节省开支，发动机长期使用脏污变质的机油，使曲轴轴承得不到良好的润滑而烧瓦。烧瓦后，机油中磨屑杂质增多，此时若仍不更换机油，将会发生连续烧瓦。因此，应使用符合规格的清洁的机油，并按使用周期及时更换。烧瓦后，一定要检查油底壳中机油质量，如已变质应换用新油，如未变质，应放出机油，经过滤、沉淀后备用。

3. 烧瓦后未彻底清洗润滑油道。 发动机烧瓦时会产生大量金属磨屑，这些金属磨屑会随着机油进入润滑油道并在油道内沉积下来，造成润滑油道堵塞，若未及时清洗疏通，换上新轴瓦后由于缺油润滑会产生再次烧瓦。因此烧瓦后一定要用柴油（或汽油）彻底清洗油道，更换或清洗机油滤清器滤芯，并将各润滑油道吹净疏通，然后再注入清洁机油。

4. 更换轴瓦后未经磨合运转即带负荷工作。 由于更换的新轴瓦（特别是刮削后）工作表面并不十分光滑平整，它与曲轴轴颈不能形成良好的全面积配合，此时若未经磨合运转即带负荷工作，在高速、重载的作用下，轴瓦与轴颈产生剧烈摩擦而烧蚀。因此，更换轴瓦后一定要先用怠速运转一段时间，待轴瓦与轴颈磨合好后方可带负荷作业。

5. 引起烧瓦的隐患并未真正排除。 有些驾驶员或维修人员排除故障时重治标轻治本，只注意更换烧蚀的轴瓦，而不注意查找故障的根本原因，或者忽视了故障因果关系的多重性。例如引起烧瓦的原因实际有多个，而维修人员只找到了一个或几个并予以排除，以为故障全部排除了，实际上仍有一个或几个故障隐患并未排除，从而造成再度烧瓦。因此，在排除烧瓦故障时一定要从多方面着手，标本兼治。

如何排除发动机耗油多故障

技术状况良好的发动机，润滑油消耗是很少的。如果消耗过多，就说明有了故障。一般原因是：

1. 活塞环因结胶卡死在环槽内，或活塞环磨损严重。

2. 润滑油选用不当，粘度过小。

3. 润滑油加得过多，超过了规定刻度。

4. 曲轴箱通风装置被堵塞。

5. 气门杆油封损坏。

6. 气门导管磨损严重。

排除方法如下：

1. 检查活塞环磨损程度和在环槽内转动是否灵活，有无卡死现象。

2. 按原厂规定选用润滑油。

3. 按标准加注润滑油。

4. 检查曲轴箱通风装置工作是否良好。

5. 更换气门杆油封。

6. 更换气门导管。

发动机加大油门敲缸故障的检修

摩托车在加速或高速行驶时，发动机出现敲缸声的故障很普遍。此故障表现为怠速和中低速行驶时正常，而加速或高速行驶时发动机会出现“叮叮叮”的敲击声，导致车速和功率上不去。如不及时修理，汽缸和活塞很容易受损。引起此故障的原因主要有以下五点：

1. 汽缸与活塞间隙过大。此故障更换零件或进行修理即可解决。

2. 燃烧室内积炭严重。如果燃烧室内积炭过多，造成发动机压缩比增大，点火后缸内压力过大引起活塞裙部拍击缸壁。刮除活塞顶部和缸盖处积炭即可解决。此种现象在二冲程摩托车中较常见。

3. 点火时间过早。当点火时间过早时，活塞尚未到达上止点，可燃气已迅速膨胀，造成缸内压力过大，导致活塞裙部拍击缸壁。修理时可检查点火提前或逐一更换点火系统有关部件。

4. 可燃气浓度过稀。当可燃气浓度过稀时，点火后燃烧速度过快，引起缸内压力过高。检修时，应清洗化油器，疏通各气道和油道，并将油平面调节至规定值。对于化油器与缸盖连接处也应检查其密封性。

5. 缸垫过薄。如果上、下缸垫过薄，同样会造成发动机压缩比增大，引起敲缸声。更换时应尽量使用原厂配件。

此外，行驶时如加挡过早，发动机此时低速运转，若加大油门也会出现敲缸声。但这不是故障，属于操作不当引起。驾驶员应养成发动机在适宜转速换挡的习惯，以避免敲击声。

发动机启动困难原因分析

在正常情况下，摩托车应在 15 秒内启动，如果发动机每次启动都超过 30 秒钟或连续踏启动杆在 10 次以上才能启动，均属启动困难。这种故障应及时排除，否则，将导致其它零件的损坏。

发动机启动困难，通常有如下两类：

1. 启动方法不正确，如冷车启动时没关闭阻风门，或没有按下浮子下沉器，使进入汽缸内的可燃混合气过稀；热机启动时，关闭了阻风门，或多次按下浮子下沉器，使进入汽缸内的可燃混合气过浓，而使火花塞“淹死”，从而导致发动机不能启动。这时应打开阻风门和减压阀，或卸下火花塞，转动发动机，排净汽缸内燃油，再重新启动。

2. 若启动方法正确，但仍不能顺利启动时，通常有如下几方面的原因：

（1）燃油混合比不对；

（2）可燃混合气过浓；

（3）火花塞无火或火弱；

（4）蓄电池电量不足；

（5）点火时间不对；

（6）汽缸压缩压力不足；

（7）排气口和消声器积炭过多或堵死等等。

一般发动机启动困难时，可按以下顺序检查排除：

（1）按一下喇叭，根据喇叭声音大小判断蓄电池电量是否充足，如不充足，则应检查电解液是否足够，蓄电池壳体、极板等是否损坏。

（2）检查火花塞。根据火花塞火花强弱，判断是点火系统故障还是供油系统故障。点火系统故障一般包括：火花塞脏，高压线断或接触不良，感应线圈断，电容器、二极管、晶体管线路损坏，点火开关、总开关未打开或断路，断电触点间隙不对或表面不平等。

（3）拆下火花塞，转动发动机，根据排出气体的干湿及气味，判断是供油系统问题还是点火时间问题。若火花塞干燥，同时转动发动机从火花塞孔中排出的气体干而无味，则是混合气未进入汽缸，应检查油箱开关、输油管和化油器是否堵塞，若从火花塞孔中排出的气体有汽油味，且用白纸靠近火花塞螺孔时，无明显油珠排出，则是混合气过稀，若火花塞很湿，则是混合气过浓。

(4) 拆下磁电机罩，检查点火时间，若点火时间不对，调整断电器，若点火时间对，则清洁断电器。

(5) 装上汽缸压力表检查，若压缩压力小于 6×105 帕斯卡，则是发动机内部机械故障。如：汽缸、曲轴箱各结合处的衬垫破损，曲轴箱油封等漏气，或是紧固螺栓松动，若压缩压力大于 6×105 帕斯卡，则检查排气系统是否堵塞。无汽缸压力表时，可拆下火花塞，用手指堵住火花塞孔，然后转动发动机，若手指感到有猛烈冲击，同时缸内发出“噗、噗”的声响，说明压缩压力较高，曲轴箱密封性良好，若手指无冲击的感觉，转动发动机又感到费劲，说明曲轴箱漏气，或活塞环与汽缸之间漏气。

(6) 拆下消声器，若积炭过多，则是排气系统堵塞。

怎样巧修启动电机

100 型骑式摩托车配置的四冲程单缸汽油发动机装有启动电机。启动电机由启动电机和减速器两部分组成，启动电机投入工作时，驱动传动链条拖动发动机启动着火。

启动电机需要进行例行保养或发生性能故障时，就要拆下启动电机。通常，拆下启动电机比较麻烦：(1) 拆下变速踏板及磁电机侧盖。(2) 使用 8 毫米套筒扳手拆下启动电机的三颗紧固螺钉。(3) 将启动电机向外抽出少许，然后将启动电机前端向下倾斜。(4) 使用螺丝刀挑起传动链条，使传动链条与启动电机驱动链轮脱离。使用螺丝刀拆下启动电机火线紧固螺钉，取下火线。(5) 取下启动电机，进行例行保养或检修。

现在介绍一种方便的方法：(1) 使用螺丝刀拆下启动电机火线

紧固螺钉，取下火线。(2) 使用螺丝刀拆下启动电机与减速器间接的紧固螺钉。(3) 使用8毫米套筒扳手拆下启动电机紧固螺钉。(4) 用手接住启动电机减速器，轻轻敲击启动电机，使之松动与减速器分离，然后取下启动电机，进行例行保养或检修。

通过响声诊断摩托车发动机的故障

响声一般是由物体震动、碰撞、摩擦而产生的。如果摩托车发动机工作正常，那么运转时响声很小，声音也和谐，但当发动机发生故障时，就会产生异常的响声。因此，人们可通过响声来诊断摩托车发动机故障。

1. 判断异常声来源的方法

(1) 触听法：此方法是利用金属棒、金属管、长把改锥等做“听诊器”，一端触及发动机的各个部位，另一端靠近耳朵，依据触及部位响声的变化，判断出响声的来源。

(2) 离听法：有些异常响声靠近发动机听不清楚，而必须离开发动机一段距离才能听清楚，如滚动轴承的响声等。

(3) 听觉和视觉、触觉相配合法：有些异常响声产生时，伴有振动、升温、向外喷出液体或气体等现象，如果借助于视觉和触觉器官的配合，会更快速、准确地找到响声的来源。

另外还有许多辅助方法，如突然加大或减小油门，使发动机转速突然升高或降低；用手转动磁电机飞轮等，都有助于正确判断响声的来源。

2. 常见异常响声分析

下面介绍几种常见的发动机异常响声的表现形式及产生的原因。

(1) 放炮声。 发动机的放炮声一般有以下几种情况：

①响声很大，但不连续。表现为发动机在运转过程中，排气管放炮和过热。产生这种现象的主要原因是点火提前角过小，可燃混合气在汽缸内未完全燃烧，当未燃烧的可燃混合气在排气管中遇热自燃或遇火花点燃时，便燃烧、爆发，从而出现放炮声。

②响声较大，连续不断。表现为发动机在运转中，排气管突然出现连续不断的放炮响声，直至停机为止。产生这种现象的主要原因是排气行程点火，引起点火错乱。

③响声不大，不连续。表现为启动发动机时或启动后低速运行时，放炮声由排气管发出，同时化油器和空气滤清器向外冒白烟。这种现象主要是由于混合气过稀引起的。

④响声大，并且只有一声。表现为在运行中，随着一声炮响后，发动机转速急剧下降，以至熄火。产生这种现象的主要原因是火花塞连碳或者因火花塞选型不正确而引起侧极烧蚀。

(2) 敲击声。　发动机运转时，用“听诊器”触及缸盖，可听到一种类似木锤敲击的响声，低速或变换油门时较明显。这种响声主要是由于点火提前角过大，燃烧室积炭过多或压缩比过高而引起的爆燃、早燃所产生的敲击声。

(3) 断火声。　表现为在发动机运转过程中，在均匀而有规律的排气声中，偶尔出现一二声断火声。这种现象主要是由于断电器触点烧蚀或触点间隙过小而引起的。

(4) 漏气声。　表现为当用“听诊器”触及机体时，可听到声音不大的类似货郎鼓的“嘣、嘣”声，突加油门时响声变大，突减油门时响声变小。产生这种响声的原因是活塞环与汽缸的间隙过大，活塞顶及裙部有铸造缺陷等。

(5) 齿轮啮合声。　表现为齿轮之间啮合间隙过大时，发出“哗啦、哗啦”的响声；啮合间隙过小时，发出“喂……”的响声，音量随转速的变化而变化。这种现象主要是由于齿轮的制造误差过大或轴间中心距有误差，造成齿轮间啮合间隙过大或过小而引起的。

（6）活塞销响声。　表现为连续、明显的好似两钢球相碰的“哒、哒、哒”的清脆响声，用“听诊器”可听清。这种响声是由于活塞销与连杆小头配合过松或连杆小头磨损严重等原因引起的。

（7）连杆大头响声。　表现为“哐、哐”的两声响声，而后消失，在变换油门时用“听诊器”可听到。连杆大头轴承与连杆大头孔、连杆大头轴承与曲柄销配合间隙过大或这些零件磨损严重就会产生这种响声。

（8）曲轴滚珠轴承响声。表现为离开一段距离听时，会听到“喂……”的类似救火车警笛的响声，并且响声随着转速的变化而起伏变化。主要是由于滚珠轴承质量不好或轴承与轴颈装配不正等原因造成的。

迅速查明点火电路故障的方法

在一般气温条件下（－5℃以上），摩托车发动机经1～3次启动而不能正常启动时，表明存在故障。其故障不外乎有两方面，即所谓油路或电路（这里不讨论由于曲轴箱、气缸漏气及压力不够、活塞环磨损及断裂等方面的原因）。油路故障容易查找，只要油路系统不堵塞、化油器工作正常、有燃油且品质符合规定，即可认为油路基本无故障。电路故障查找起来比较困难，而且发动机不能立即启动多数是电火电路故障造成的。下面介绍迅速准确查找电路故障点的步骤和方法。

先旋下火花塞，让火花塞的六角螺母靠近离汽缸体约5～8毫米处，并让火花塞裙部正对着我们的视线，即我们的眼睛能看到火花塞中心电极内部的空间部分。

此时启动发动机数次，可有下列四种情形：

1. 在火花塞与汽缸体之间产生 5～8 毫米长的火花，并能听到放电声。同时火花塞中心电极与侧电极之间 0.7 毫米的间隙中也产生火花。此种情况说明高压点火电路是正常的。如发动机仍不能启动，则应检查点火提前角是否正确。若点火提前角正确，则说明高压点火系统无故障，即电路部分无故障。那么应从油路或其他部分考虑发动机不启动的原因 。

2. 火花塞与缸体之间有 5～8 毫米火花，但火花塞中心电极与侧电极间无火花，而在中心电极内部空间有火花产生。此种情形表明高压点火电路仍是正常的，只是火花塞内部积炭严重或火花塞绝缘体被击穿。换一个新的火花塞，发动机便能启动。

3. 火花塞与缸体之间产生的火花的长度达不到 5～8 毫米，只有 2～3 毫米。这时先要检查一下断电器白金触点的间隙，如果在 0.25—0.5 毫米之间，应视为正常（一般要按生产厂产品说明书中的规定进行调整）。然后用细砂布打磨触点数十下，再用干净抹布蘸汽油擦触点表面。

接着启动发动机数次，启动的同时仔细观察断电器触点间火花的大小。如果火花很大，则是与触点并联的电容器失效（开路）了。换上新电容器便可启动；若火花很小，表明高压线圈或高压引出线被击穿。这时可取下磁电机高压收出线，让螺丝刀头部离线圈高压引出端 5—8 毫米，裸露部分接触车体的导电部位，再启动发动机一次。如果在螺丝刀与线圈高压引出端间产生火花，并听到放电声，则表明高压线圈是好的，只是高压引出线被击穿。换一根好的高压线，摩托车便可立即启动。若是高压线圈被击穿，则必须及时更换新的。

4. 在火花塞与汽缸体之间看不到火花。遇到这种情况，要看一下在启动时断电器触点间是否有火花产生，如有火花，可按第 3 种情况处理。如果没有火花，则表明点火电路初级（低压部分）有故障。

（1）首先检查断电器触点间是否有间隙。如果没有间隙，则要把触点间隙调整到0.25～0.5毫米，并打磨擦净。如无法调整，可能是断电器的摩擦块磨损、断裂、脱落，或者是压力弹簧断裂、失效，都应拆下换新的。

（2）如果有间隙，就应把触点表面打磨干净。

（3）如发动机仍不能启动，就要检查低压回路各引出端导线是否磨损而接触车体造成短路，或有开焊、断线的地方。如有接铁地方，要用胶布或其他方法使其脱离接触。有断路的地方，要重新接好焊好。若无上述现象，就要检查一下电容器是否短路失效。可把电容器卸下，用其他方法（如用电池串接灯泡的方法）测量一下低压线圈是否断路或有开焊的地方。有开焊的地方应及时焊牢。若有断路故障，应拆掉重绕。

如何修复点火系统

国产125型骑式摩托车的点火系统，多为交流电电容放电无触点点火方式（AC－CDI）。点火系统中充电绕组的功能是，在磁电机转子的配合下向电子点火器输送300～400V的高压交流电，点火系统投入工作。由于充电绕组处于高压、高温、震动、浸油等恶劣环境中工作，充电绕组在工作中损坏的故障时有发生，导致点火系统中断工作。充电绕组损坏以后，通常是采用更换定子绕组总承或重新绕制充电绕组的方法来修复。以上两种修理方法都需要打开磁电机，比较费时费力，也比较容易引起机体漏油等故障。

充电绕组损坏后，如果使用直流电子点火器（DC－CDI）来修复点火系统，就不要无原则打开磁电机，只要去掉交流电子点火器，将直流电子点火器接入点火系统即可，也不需调整，就可以使点火系统恢复正常工作。

直流电子点火器是一种先进的摩托车用电子点火器，它使用直流电做工作电源。其工作原理是，直流电进入点火器后，先由转换装置将直流电转换为交流电，进行升压至300～400V后，向储能电容器充电，当有触发信号进入直流电子点火器时，经集成电路芯片处理后，可控硅导通，储能电容器对地放电，使点火系统对地产生强烈的高压电火花。由于直流电子点火器装有控制自动点火提前角的芯片，可确保点火时间更精确，可燃混合气燃烧更充分。所以，使用直流电子点火器后，摩托车行驶更有力，也可降低油耗。直流电子点火器的最低连续点火转速一般为小于或等于180r/min，要比交流电子点火器的最低连续点火转速（小于或等于320r/min）低许多，可以大大改善发动机的启动性能。

目前，通用型直流电子点火器的连接品为70车型接口和125车型接口。从改装成本来看，改装应选择70车型接品的直流电子点火器，其零售单价为50元左右。下面以70车型接口直流电子点火器改装125车型点火系统为例介绍改装方法。

70车型接品的直流电子点火器的接口中有四个连接插片，它们分别是电源接端、点火接端、触发接端、接地接端。当125型摩托车产生无高压火花故障，经检查确认点火系统中充电绕组已损坏时，可购买一只直流电子点火器和与直流电子点火器连接的插接件，拆下车座，将原交流电子点火器线端、触发“+”线端、触发“—”线端、接地线端用刀子剥出线头，直流电子点火器与插接件对接后，把插接件中的点火线端、触发线端、接地线端与电缆线束插接件的同名各线端对应连接。即：直流电子点火器的点火线端与点火线圈初级绕组的引出线端相接；直流电子点火器的触发线端与触发绕组的触发“+”（蓝/白色）引出线端相接；直流电子点火器的接地线端与触发绕组的触发“—”（绿/白色）引出线端相连接后，再与电缆线束中的的接地线端相接；直流电子点火器的电源线端与点火开关的电源锁引出端（＋12V）相接。线路连接完毕，经复查连接无误后，无需进行任何调整，就可以进行试车。

该种方法比更换定子绕组总承或重新绕制充电绕组要省工省时。

触点烧蚀的排除

随着摩托车技术的发展，电子点火系统被普遍采用，但使用白金点火系统的摩托车仍占有一定比例，骑手在使用中也常会遇到因白金触点故障而造成行驶困难等问题。白金点火故障主要是触点烧蚀。遇到这种情况；许多骑手只是用砂纸打磨一下或更换，没从烧蚀的现象中找出故障原因，因此，又会再一次烧蚀。触点烧蚀现象一般有两种：一种是触点表面发黑成麻点状，另一种是触点有严重的凹凸熔化现象。如果是前一种，其主要原因是触点接触面不清洁以及两触点平面未能吻合所至。我们可在断电器闭合时重新较正两触点的接触面，然后用细砂纸重新打磨平整并擦拭干净。如果是后一种情况，故障原因主要在电容器上。因为点火线圈的次级线圈在产生高压火花的同时，初级线圈也将有感应电流产生，如果没有电容器的保护，断电器触点就会因此而烧蚀。所以，我们应当着重检测电容器是否有漏电、击穿或接触不良等现象，待电容器故障排除之后方可重新修整或更换断电器。

化油器典型故障分析与排除

化油器作为一种精密的机械装置，它对发动机的重要作用可以称之为发动机的“心脏”。从专业角度来看：化油器本身的故障率是极低的。但为什么在实际使用中往往化油器故障率并不低呢？原因有以下两点：(1) 由于发动机的所有工作特性均与化油器相关，如加速、过渡、油耗等等。因此判断摩托车发生的性能故障原因时，往往会将电器件或其他机械部件的故障与化油器混为一谈，误判为化油器故障而更换化油器。如：滤清器失效使杂质堵塞化油器，更换新化油器故障消除，但没有解决根本问题。(2) 相关零部件的质量问题，使化油器使用寿命大大缩短。如清洁度的降低，增大化油器零部件的磨损等等。下面就化油器一些典型故障的分析与排除方法进行介绍。

1. 起动困难

根据国家标准，在正确使用化油器起动加浓装置的前提下，脚踏或电起动时间超过 15 秒，发动机仍不能保持连续运转判为起动困难。起动困难的原因及相应排除方法有以下几种。

(1) 化油器浮子室内无燃油

化油器进油通道堵塞。分析及排除步骤如下：

打开化油器浮子室，检查在浮子下落时是否带动进油针阀随之下落。若针阀不随浮子运动仍与针阀座紧密结合，可判断针阀与阀座粘接引起进油通道堵塞，此故障一般为汽油胶质凝结在针阀与阀座之间所致。可采用酒精或丙酮清洗。此类故障常出现在长时间不使用的摩托车上。特别是发动机厂和摩托车厂装机后没有放尽化油器浮子室中的汽油，在库存或销售期稍长的情况下，就会出现汽油胶质凝结，导致化油器性能故障.

取下浮子和针阀，从化油器进油接管处接入汽油，观察汽油从阀座口流出状况，若无汽油流出，则为进油通路堵塞，可使用压缩空气从进油接管处吹入处理。

另外，油路堵塞表明大量的杂质进入化油器内部。根本原因是汽油滤清器失效造成的。因此在清洗化油器的同时，需对汽油滤清器进行检查。

（2）启动加浓装置失效

化油器在设计时为提高启动性能，专门设置了启动加浓装置，摩托车启动加浓装置主要有两种结构形式：

阻风门机构：阻风门机构是较为简单的机械装置，一般用于跨骑式车（如 CG125 摩托车），可用扳动阻风门手柄来观察阻风门片是否随之运动的方法来判断其是否正常，此装置故障较少。

旁通加浓系统：旁通加浓系统分类较多，应用最为广泛的是电热和手动旁通加浓系统。电热旁通加浓系统一般用于踏板车。其故障分析与排除步骤如下：①摩托车电门开通 4～5 分钟后，手摸电热启动加浓阀塑料外壳，如有热感则电路正常，否则需检查电路，如加浓阀接口处电路正常则判定加浓阀已损坏需更换。②拆下启动加浓阀并接通电路后 0～5 分钟期间，观察加浓阀柱塞运动状况，若加浓阀柱塞随弹簧不断延伸，则加浓阀正常；否则加浓阀中 PTC 加热片损坏，需更换加浓阀总承。③用压缩空气清洗化油器本体上的加浓通道。手动旁通加浓系统应用木兰 50 等车型上。其故障分析与排除步骤如下：①旋下启动阀接头，扳动加浓手柄开关，观察加浓拉线能否带动加浓柱塞上下移动。若不能移动或加浓柱塞掉落则加浓拉线断开，需更换加浓拉线。②拆下化油器浮子室，观察浮子室密封垫上的启动泡沫管孔内径是否因膨胀收缩而小于启动泡沫管外径。若偏小则需更换密封垫或将密封垫上的启动泡沫管内径加大，一般大于启动泡沫管外径 1～2mm 即可。③用压缩空气清洗化油器本体上的加浓通道。

（3）怠速偏低

怠速偏低的现象是：发动机可以启动但不能稳定运转，片刻后即熄火。

排除方法：调整化油器柱塞调节螺钉，顺时针方向旋进，发动机转速升高；逆时针方向旋出，发动机转速降低。一般发动机转速调节到1500转/分钟（跨骑式车）和1700转/分钟（踏板车）左右即可。

（4）启动方法不正确

不正确启动方法基本上出现在启动加浓装置的使用上，其常见的不正确的启动方式有：

不使用启动加浓装置。这是由于用户对摩托车的功能了解不全引起的，因为即使是常使用启动加浓装置，也会大大改善启动性能。

启动过程中一直使用启动加浓装置（对阻风门机构和手动旁通加浓装置而言）。启动加浓系统工作时提供给发动机的是很浓的混合气，若启动过程中一直使用加浓装置，大量的浓混合气进入汽缸会“淹死”发动机，使启动变的困难。

加浓装置的正确使用方法是：启动3～4次后若发动机仍不能运转，则关闭加浓装置，并微旋油门手柄使化油器柱塞上升后再次启动。

2. 怠速不稳

怠速不稳现象：发动机运转数分钟暖机后，发动机怠速转速波动大于±100转/分钟即为怠速不稳。

怠速不稳出现的原因：在化油器怠速系统油道或气道发生堵塞或泄漏状况下，怠速油系供油出现偏稀或偏浓现象，导致发动机怠速不稳。

（1）怠速量孔部分堵塞。 原因：怠速量孔部分堵塞，使怠速状态下供油偏稀，导致怠速不稳现象出现。排除方法：按前述化油器清洗方法清洗即可。

（2）怠速调节螺钉（俗称“风针”）位置变动。 怠速调节螺钉的作用是通过调整怠速调节螺钉来改变怠速油道或气道的流通截面，使化油器怠速供油达到理想状态。怠速调节螺钉按功能分为调油（如CG125化油器）和调气（如木兰50化油器）两种。

对化油器专业生产厂家而言，由于怠速调节螺钉对发动机的各项性能影响较大，化油器出厂前怠速调节螺钉经过严格的测试并已调整至最佳位置，因而一般禁止用户自行调整怠速调节螺钉。经过长时间的使用后，如果怠速调节螺钉位置确实改变并引起不良后果时才能调整。寻找怠速调整螺钉的最佳位置的方法有两种：

①最佳调整法

首先将柱塞固定到比正常怠速稍高的发动机转速，左右旋转怠速调节螺钉，找出该柱塞位置时的最高转速，稍许调整柱塞调节螺钉，使发动机转速降低再找最高转速，如此重复，直到某一个柱塞位置时的最高转速等于整车标准怠速转速为止。对四冲程发动机，有时做完最佳调整后CO的浓度值仍很高，这时可适当采用巴黎调整法。

②巴黎调整法

巴黎调整法是在做好最佳调整法的基础上进行的，它有意地将怠速调节螺钉向使混合气变稀方向旋转一点（最多只允许旋转1/8圈），这时转速要降低，然后调高柱塞使其恢复到原转速。调整的结果要使HC值略升，CO值下降。原则是HC不能上升过多，以CO比标准稍低即可。如果巴黎调整法的结果使CO达标，而使HC超标是不允许的。如果CO和HC不能同时达标，说明在条件不改变时，该化油器不能满足排放要求。由这里也可以看到限制CO和HC可以保证调整的合理性。否则一味将CO调低，结果使HC过高，燃烧处于极不合理状态。

如果用最佳调整法可以使排放达标，最好不用巴黎调整法。如果HC达标，而CO超标，可适当地使用巴黎调整法。如果巴黎调整法不能使CO和HC同时达标，则需对化油器及点火系统进行检查。

(3) 化油器与发动机进气管连接垫片或胶圈损坏。　连接垫片或胶圈损坏会出现漏气现象，额外空气进入发动机，使怠速状态下供油偏稀，导致怠速不稳的现象出现。

排除方法：更换连接垫片或胶圈即可。

(4) 化油器与发动机进气管连接螺栓松动。　连接螺栓的松动同样会出现漏气现象。排除方法：拧紧即可。

有一点需要指出的是：目前多数的踏板车上使用的化油器是带电热旁通加浓系统的。在该系统的作用下，摩托车在起动后怠速转速较高（可达2200～2300转/分钟），暖机4～5分钟电热旁通加浓系统关闭后，发动机怠速转速才回降至1500转/分钟。此为正常现象，不属于“怠速不稳”故障。望用户注意不要误判。

3. 过渡不良

摩托车从起步到加速行驶的过程中，化油器怠速油系供油由逐渐减少过渡到主油系供油不断增加。为使怠速油系与主油系之间供油衔接圆滑，设置了过渡油系，以保证摩托车起步过程的平顺性。过渡不良的现象：起步加速过程中，随着油门的开大，发动机转速波动较大或熄火。

过渡不良的原因及排除方法如下：

(1) 怠速量孔、怠速油路、主量孔、过渡孔部分堵塞。　原因：怠速量孔、怠速油路、主量孔、过渡孔部分堵塞使化油器各有关油系供油偏稀，引起过渡不良。排除方法：按前述化油器清洗方法清洗即可。

(2) 泡沫管堵塞。　原因：化油器泡沫管的作用是促进汽油与空气的混合，泡沫管上的泡沫孔被杂质堵塞后，汽油与空气的混合效果降低，雾化质量下降，引起过渡不良。

排除方法：按前述化油器清洗方法清洗即可。

（3）怠速调整不良。　原因：过渡过程中化油器供油主要来自于怠速油系，如果怠速调整不当，会影响过渡性能。

排除方法：按前述怠速调节螺钉调整方法进行调整。

4. 动力不足

动力不足主要体现的是摩托车的加速性能和高速性能。

摩托车加速性评价有两项指标：起步加速和超越加速。其性能指标随车型及排量不同而变化，检测方法（如换挡的时机和油门开启速度的掌握）对用户而言不易掌握。因为不同用户对油门控制速度的差异较大，对加速性能的感觉也不同。因而当用户感到加速不良时，最好到专业维修点诊断。用户可以通过下列现象来初步判断自己的摩托车是否出现动力不足的现象：加速过程中明显感到比以往迟缓、动力下降，最高车速下降，高速时出现车辆“发冲”，排气管有放炮现象。

动力不足的原因及排除方法如下：

（1）怠速量孔或主量孔堵塞。　原因：怠速量孔或主量孔堵塞会引起化油器供油偏稀，导致动力不足。排除方法：按前述化油器清洗方法清洗即可。

（2）怠速油道、气道或主油道、气道堵塞。　原因：怠速油道、气道或主油道、气道堵塞会引起化油器供油偏稀或偏浓，导致动力不足。排除方法：同上。

（3）起动加浓装置工作异常。　原因：此故障主要出现在旁通加浓装置上。电热旁通加浓装置失效或起动柱塞延伸过程中发卡、手动旁通加浓装置起动柱塞回位不良，均会导致起动柱塞落不到底，使混合气过浓，发动机运转不良。排除方法：①对装有用电热起动加浓装置的化油器而言：需更换电热起动加浓阀。②对装有用手动加浓装置的车辆而言：一般是由于加浓拉线长时间使用后与其外壳摩擦力过大所致，在加浓拉线表面涂黄油或其他润滑油即可解决。

（4）加速泵装置出油不畅或堵塞（对装有加速泵装置的化油器而言，如CB125摩托车用化油器）。摩托车在加速的瞬间，由于柱塞提起速度较快，此时会出现供油滞后、偏稀现象。为此在某些车型使用的化油器上设置了加速泵装置：在加速的瞬间，额外提供一部分油来满足发动机的需求，提高加速的响应性。原因：加速泵油道堵塞或加速泵膜片失效。排除方法：加速泵油道堵塞用压缩空气清洗加速泵油道；加速泵膜片失效则需更换加速泵膜片。

5. 化油器漏油

化油器进油系统是一个动态的平衡系统。浮子在浮子室内汽油浮力的作用下，带动针阀不断调整针阀与阀座之间的间隙以控制进油量，使摩托车在各种工况下，浮子室内油面保持动态稳定。化油器出现漏油现象，就是上述平衡系统遭到破坏所致。化油器漏油不仅仅增加油耗、影响整车性能，更重要的是对车辆的安全造成较大的危害。需要及时加以排除。化油器漏油的原因及排除方法：

（1）针阀与阀座接触表面附着异物。原因：针阀与阀座是控制进油量的，其密封性要求严格，接触面光洁度要求较高。如接触面有附着物，将导致针阀与阀座密封不严，出现漏油现象。异物主要是指汽油中的杂质和凝结胶质。因而要避免出现此类故障，用户应注意定期清理汽油滤清器和使用品质好的汽油。排除方法：按前述化油器清洗方法清洗即可。

（2）针阀磨损。原因：①针阀在使用过程中由于长期受到汽油内所含杂质的冲刷和与阀座接触而磨损。②浮子浮筒两端调整不平衡，带动针阀侧向受力而磨损。针阀磨损导致与阀座密封不严而漏油。排除方法：①更换针阀，同时用户应注意定期清理汽油滤清器和使用品质好的汽油。②更换针阀，同时调整浮子浮筒使两端处于同一水平面上。

(3) 浮子发卡。 原因：①浮子经汽油长期浸泡膨胀变形与浮子室壁接触。②浮子销与本体浮子销孔经长期磨擦间隙扩大，导致浮子接触浮子室壁。浮子发卡使针阀不能回位，导致漏油。排除方法：①如浮子变形则更换浮子。②如浮子销外径磨损变小则更换浮子销。如本体浮子销孔磨损变大，则只能更换化油器总承了。

(4) 浮子破损或浸入汽油。 原因：浮子破损或浸入汽油均会导致浮子重量及浮力的变化，使油面上升，引起漏油。排除方法：更换浮子。

6. 油耗高

油耗的高低是摩托车用户最为关心的一项重要的性能指标，也是摩托车一项重要的性能指标。化油器作为摩托车供油系统的关键部件，化油器状态是否良好对整车油耗的影响至关重要。降低油耗也是化油器生产厂家不断的追求目标。

如何判断摩托车油耗高低呢？一般实际行驶油耗规律是：两冲程比四冲程高、大排量比小排量高、自动离合的比手动离合的高。另外发动机的结构形式的不同，油耗高低也不同。具体数值应根据具体车型而定。对于目前国内较为普遍的车型来说：两冲程 50 车油耗在 3L/100km 左右，四冲程 70～100 车油耗在 2L/100km 以下，四冲程 125 车油耗在 2L/100km 左右，四冲程 70～125 踏板车油耗在 3.0L/100km 左右。用户可以据此大体判断自己的车是否油耗偏高。

油耗高的原因及排除方法：

(1) 化油器漏油。 漏油的原因及排除方法见前。

(2) 各油系空气量孔部分堵塞。 原因：各油系空气量孔部分堵塞会引起化油器供油偏浓导致油耗升高。排除方法：按前述化油器清洗方法清洗即可。

（3）起动加浓装置关闭不严。 起动加浓装置关闭不严的原因及排除方法见前。

（4）主油针经磨损外径减小、主喷管孔经磨损偏大。 原因：上述零部件在使用过程中由于长期受到汽油内所含杂质的高速冲刷而磨损，使主油针外径减小、主喷管孔偏大，造成供油量增加，油耗上升。排除方法：更换新量孔。

上述所谈到的是摩托车比较常见的几种故障现象，在此仅仅选取了化油器方面的故障进行分析。但实际上从整机角度而言，造成上述故障现象的因素还有很多。如起动困难：点火系统紊乱、火花塞电极间隙变化等等均会引起起动困难。如怠速不稳：摩托车整机厂为减小发动机缸头声响，往往将发动机气门间隙调整过小，导致发动机进排气状态恶化，发生怠速不稳甚至无怠速现象。用户要根据车辆故障状况具体分析。

由于篇幅的限制，本文只对化油器的一些典型的故障进行了分析。尚有许多故障类型没有涉及，请大家谅解。

化油器回火故障分析

摩托车在行驶过程中，用户可能经常会遇到一种故障现象——化油器回火。

1. 操作不当

摩托车在行驶过程中，如果猛转油门握把加油，化油器节气门的开度就会急速增大，致使大量空气高速流经化油器。由于汽油的流动性比空气差，不能及时由喷管喷出相应的量与空气混合，因而使混合气变得较稀。这种较稀的混合气在汽缸中被点燃，其燃烧速度比正常的混合气慢得多，致使发动机在排气冲程结束时，混合气还在继续燃烧，这时进气冲程一开始，刚进入汽缸的新鲜混合气立即被点燃，并且一直引燃到化油器，从而出现化油器回火现象。

2. 保养不当

从汽油箱到化油器之间的油路不畅通（局部阻塞），也会使进入化油器的油量不足而使混合气变稀，从而导致化油器回火。

为了避免车辆在使用中发生化油器回火现象，在车辆使用前应检查油路是否畅通；检查化油器的空气调节螺钉是否调整合适；检查点火提前角是否符合说明要求；并在使用中不猛转油门握把。一般做到了以上几点，就可避免化油器发生回火现象。若仍有回火现象发生，则应考虑采用升高主喷油针高度和浮子室油平面高度的方法，使混合气变浓些，以防止化油器回火。

化油器脏污事出有因

结构复杂的化油器如果脏污过重，将影响发动机的性能，为此必须清洗化油器。有些车主反映：化油器清洗不到一个星期又脏了，必须重新清洗。训练有素的技工在清洗化油器时会检查出引起化油器脏污的原因，大致分为以下三种情况：

1. 由于车辆长期行驶，在化油器的油道和喉部牢牢地沾了一层积垢。这时只要用化油器清洗剂将化油器清洗干净就能解决问题。

2. 化油器油道和浮子室相对干净，但喉管和空气量孔处有大量的灰尘，这是由于空气滤清器失效或进气管密封不严，空气夹带尘埃进入化油器所致。这时除将化油器清洗干净外，还要排除进气系统的故障才能解决问题。

3. 化油器喉管和空气量孔相对干净，但浮子室内的汽油脏污，这是由于油箱中油不干净所致。这时除将化油器清洗干净外，还要清洗油箱和油管，更换汽油滤清器才能解决问题。

化油器漏油故障排除一法

化油器漏油故障，多数是由于三角针阀关闭不严造成的，特别是装有顶尖工作部分为橡胶制品的三角油针，一旦发生三角针阀关闭不严引发的漏油故障，在通常情况下，修复工作比较困难。这是因为，顶尖工作部分为橡胶制品的三角油针其关闭性能极佳，如果是全金属三角油针及针阀座关闭不严时，更换顶尖工作部分为橡胶制品的三角油针后，就可以有较大的把握排除化油器漏油故障。试想，如果连顶尖工作部分为橡胶制品的三角油针也不能将三角针阀关闭良好，说明针阀座的问题比较严重，比较彻底的排除故障的方法是更换整套三角针阀。但在缺少零配件的维修场所，就要设法排除故障，以免影响摩托车的正常使用。现介绍一种排除化油器漏油的新方法。拆下并分解化油器，抽出浮子销，取下油浮子及三角油针，将化油器倒置，把一只相同型号的全金属三角油针放入针阀座，然后使用小扳手之类的小工具，轻轻敲击三角油针的尾端，使三角油针对针阀座产生冲击力，针阀座受到冲击就会产生微量变形，就修正了针阀座，就可以提高三角油针与针阀座的配合精度，使其能够关闭良好。然后取出全金属三角油针，装回顶尖工作部分为橡胶制品的三角油针，经检验确认三角针阀关闭良好后，就可以复装化油器投入使用了。

摩托车变速器卡死故障分析

变速器被卡死的故障表现为：在变速器已挂入某挡位，离合器处于分离状态下，变速器齿轮不能单独转动，遇到这种情况，必须立即检查，排除故障，否则，会加剧机件的损坏。造成变速器被卡死的原因有：

1. 变速器主轴或副轴轴向位移过大，使各变速齿轮偏离了原位，引起变速齿轮错误啮合。

2. 拨叉各轮磨损或变形，致使变速齿轮被拨叉卡死而无法转动。

3. 变速机构中的轴承因缺乏润滑或质量不好而咬死，使变速臂无法转动而卡死。

4. 齿轮轮齿折断后，卡在齿轮啮合面间，导致齿轮卡死。

5. 在清洗或装配变速器时，因不慎有坚硬异物进入变速器而卡死。检查、排除时，就应拆开变速器检查，若发现齿轮折断或有异物，应先排除然后进行更换、调整；若发现故障是因轴承缺乏润滑或质量不好咬死，就应该找出原因，并加以排除；若发现变速器主轴或副轴轴向位移过大，应在轴的两端加垫片，以调整齿轮的轴向位置，使之恢复正常；若拨叉和轮磨损，应给以修复或更换。

摩托车无高速的故障实例

实例一

故障现象：

一辆某品牌 125 排量摩托车行驶 3.52 万余公里后出现无高速的故障，维修工检查过燃油供给系统、点火系统、汽缸压缩压力，均未找出疑点，故障原因不明。

故障检修与排除：

先打开燃油箱盖，检查其通气孔，未发现阻塞现象。松开燃油开关下端的螺塞，油路通畅且无细粒异物存在。启动发动机一打就着，但怠速不太稳定。挂挡起步，缓加油门至中速感觉提速较慢，油门加到底车速达不到 50Km/h，排气管有冒黑烟现象，停车拆下火花塞检查其电极颜色为偏黑，将怠速混合气螺钉向内旋约 1/4～1/2 圈仍不见效果。询问车主得知该车刚到 3 万公里时在郊外的临时维修站清洗过化油器，当时车速还能达到 80Km/h。据此分析，化油器主量孔堵塞的可能性较大。分解化油器总成，卸下浮子室盖，其内有少量杂粒异物，拧下怠速量孔和主喷管主量孔发现一异物卡在主量孔内。原来是这个异物塞在主量孔内，影响了主量孔的燃油雾化，造成摩托车提速慢且排气冒黑烟等故障。用化油器清洗液将各量孔及空气通道全面清洗一遍，调好油位，精心复装化油器，又顺便将进气管及 O 型圈认真复查一遍，确认无误后复装所拆零件开车试验。暖车片刻后，加速行驶一切恢复正常，最高车速达 88Km/h，原无高速故障被排除。

实例二

故障现象：

一辆某品牌 CB 款双缸 125 摩托车行驶 4.7 万余公里时，经多次检修后出现无高速的故障，维修工对点火系统、化油器及汽缸压力均进行检查，未见异常，故障原因不明。

故障检修与排除：

复查故障，启动车辆稍作暖车后挂挡行驶，一切正常。当车速达到 75Km/h 时，感觉动力不足，随之车速逐渐下降。过一会儿行驶时，故障再现。停车检查空滤器滤芯，无堵塞，化油器油位及进气管处也无异常。卸下油箱下部的开关，燃油流淌较慢，打开油箱盖时发现旋得较紧，几乎没有间隙，询问车主得知，原油箱盖有些松动，用户自加了二层橡胶垫片在上面。使油箱盖透气性变差，在车辆行驶至中高速时，油箱内的空气压力随燃油的减少而降低到一定程度时，燃油无法流入浮子室或流入的油量不足，化油器不能提供正常的混合气，致使发动机工作一段时间后车速下降。由于油箱并不是完全密封的，稍后油箱空气压力又恢复正常，不久即有燃油流入浮子室，车速瞬间又能上去一些。但过不久，油箱压力降低，车速随之下降，并可能会熄火。就这样周而复始，故障反复出现。将燃油箱盖内橡胶垫片取出一只，试着旋上油箱，感觉正常。上路试车骑行约10余公里，未见故障重现。

操纵手柄的应急修理

有些进口的大排量摩托车的离合器手柄在不慎折断后，往往一时买不到新品更换。如遇此种情况可用以下方法修复。

首先，用合适的钻头在手柄两个断面中心钻孔，注意不要钻偏。然后用丙酮或酒精清洗断面及内孔，并使其晾干。找一摩托车用的滚柱轴承的滚柱，在其上与两个断面孔内涂上调好的AB胶，并将滚柱穿入新打的两个断面孔。最后再用涂胶的玻璃纤维布绕手柄二圈使其固定。将修好的手柄放在20℃的环境下过48小时就可以装车使用。

减震器失灵的原因是什么

减震器一旦失灵，行驶时就会出现方向把上下抖动严重，行驶直线性差的现象。后减振失灵，行驶时后轮甩动严重，后轮与后轮挡泥板产生摩擦。造成的原因及检修的方法如下：

1. 减振弹簧经长期使用后发生永远变形，两根减振弹簧的长度差别较大。此时应卸下较长的减振弹簧在砂轮上进行磨削，使两根减振弹簧的长度相等。长度相等后，若压缩相同的长度，弹力误差很大，则应更换弹簧。

2. 减振弹簧折断。应更新弹簧，并将对应的两根一起更换，以免新旧弹簧弹力不同，影响减振效果。

3. 两根减振套管中心线上两根导向管中心线不一致。前轮轴螺母拧紧后，导致两根导向管卡死在套管中而不能上下移动。此种情况可在前轮轴上加平垫圈进行调整。若因两根前减振套管中心线不平行，则应进行校正调整。

减震器出现过硬或过软怎么办

摩托车减震器的作用是将车架和车轮弹性地连接在一起，以吸收并缓和不平路面对车架的冲击和震动。

若减震器过硬，车辆震动厉害，驾驶员会不断地受到冲击；若过软，则车辆的振动频率和振动幅度会使驾驶员感到不舒服。

造成摩托车减震器过硬或过软的原因有：减震器油量加注不当，减震器油不符合规定，减震柱弯曲变形。

由此可知，平常应选用规定型号的减震油，并按规定的方法加注。若车辆曾发生碰撞，则应考虑减震柱是否弯曲变形，若弯曲变形量较小，可通过校直，恢复其作用；若弯曲变形严重，则必须更换新件。

校直减震柱时，先将其置于 V 形铁块上，为方便零件表面操作，可在支承处和回压处垫上铜片或橡皮之类的东西，然后用手扳压力机慢慢回压于弯曲处，注意应分几次逐渐增加压力，每次加压后都应检查校直的效果，以防止产生反向弯曲。

加注减震器油一法

摩托车后减震器一般均采用滚压固定油封，不易拆开维修，加注减震油也很困难，遇漏油时一般是更换成套减震器，这对维修者来说既省事又方便，可用户承担的费用就太大了。

笔者根据多年的维修经验，采用以下办法较好地修复了后减震器，均使用良好。具体办法是：在减震器头部靠近固定衬套的一端钻一φ3.2mm的小孔，钻孔时操作要轻，尽量不使铁屑掉入套筒内，以免损坏油封。找一撬棍使减震器以杠杆原理工作，把减震油全部排出，同时排出了油内的铁屑，而后将孔向下用Φ4mm的丝锥在小孔内攻螺纹。完成这些工作后，在减震器油中按照10%的比例加入“JB车神”及市售的正品发动机修复剂，这能使减震器内油封恢复其性能，且能提高使用寿命。最后用蓄电池比重计或注射器向小孔内注入不太满的减震油，否则减震器太硬，用长短合适的Φ4mm螺丝涂上密封胶或缠上密封胶带，拧入小孔内，装车即可正常使用了。

如何更换摩托车减震器油

由于大多数减震器是通过油的流动阻力来吸收冲击和震动能量，并转化为油的热量散发掉的。所以，减震器的阻力与油的粘度有着密切的关联，而油的粘度是随温度变化的。摩托车使用时间的长短，使用时的环境温度等都是不同的。因此，为适应摩托车运行地域各种气候条件的需要，对减震器油提出了以下技术要求：

1. 减震器油不但要具有良好的粘温性能以及较高的粘度指数，还应有低的凝固点。当环境温度发生变化或随着工作时间的延长，减震器油本身温度变化时，其油的粘度变化应很小。

2. 在我国境内使用的减震器油，其凝点不得低于－40℃。也就是说，当进入严寒冬季气温下降，大气温度在0℃～－40℃时，其油液应不失去流动性。

3. 减震器油在摩托车的使用范围内（包括高速、满负荷以及超载行驶等特殊情况），要尽可能少的汽化损失，即所谓汽化小性能。

4. 当减震器油与空气接触时，必须具有抗氧化稳定性和抗油气混合稳定性，即所谓良好的工作稳定性能。

5. 由于含有杂质的减震器油液会在摩托车行驶过程中，很快将活塞杆划伤或造成油封刃口残缺，从而导致漏油。所以，减震器油液一定要保持绝对的清洁，不得有灰尘和杂质混入。

6. 减震器油必须具有良好的防锈和抗磨功能。

由于我国摩托车石油产品商店和摩托车专卖点及维修市场，目前暂无专用的减震器油出售，只有通过自行调配来解决。现对减震器油的选配和使用注意要点作简要介绍：

（1）对于速度不高、负载不大的摩托车（指排量为 50ml 以下的轻便车），可直接选购 L—EOC 级，牌号为 5W/30 的汽油机油。

（2）对排量大于 50ml 的车辆，则应选用混合油配制，通常按以下三种比例进行调配：

①用 22 号透平油与变压器油各 50%比例混合调配；

②用 40%的 22 号透平油和 60%的变压器油混合调配；

③用 60%的 22 号透平油与 40%的变压器油混合调配。

应当指出，在制定国家标准《GB2537. 汽轮机机油》以后，透平油的商品名称已被汽轮机油取而代之了。由于汽轮机油具有各种不同的使用性能，根据目前出现的几种汽轮机油来看，选用具有优良的润滑性、抗氧性、防锈性和抗氧化性，粘度等级为 32 牌号的 L—TSA 汽轮机油来代替原 22 号透平油，最为适宜。

（3）更换减震器油时，可依序拆下方向把、前轮、挡泥板、制动钳，拧松上联板的固定螺钉、方向柱固定螺钉、左右来回转动柄管，慢慢地将柄管等抽出来。对于装有前叉防尘护罩的摩托车，应首先卸下防尘护罩和前叉盖螺栓（前叉盖螺栓有可能在弹簧作用下蹦出来，应加以注意）。如果是空气加压型，则应在松动螺栓前，按压住阀门芯，以排出空气。按序卸下弹簧垫、弹簧导向管、前叉弹簧，移动柄管，倒出前叉内的减震器油。然后按规定的油量，加注入前叉减震器筒内，再缓缓抽动柄管二三次，以排除混入的空气，最后按序装妥即可。部分摩托车的前叉减震器油量（指单只）：本田 CB125T 车为，128±1ml；本田 GL145 车为 159±1ml；五羊本田 WH100T 车为 77±1ml；春兰虎、豹 CL125 车为 130±1ml）。

（4）实践证明，减震器油的粘度对减震器的性能影响极大。油过于黏稠，会使发软的减震器变硬；过稀的油，又会使发硬的减震器变软。为改善减震器的减震性能，可以更换减震器油的牌号，但绝不能随意增减加入的油量。且加入的油量应做到准确无误，建议使用量杯加注。如条件不具备，可借用 50ml 医用针筒（上面有 ml 刻度线作计量单位）吸取油液后注入。值得指出的是，两只前叉减震筒内的油量一定要保持一致。否则，会带来操纵上的不便。请予特别留意。

（5）为尽量避免水分和杂质的浸入，更换减震器油时，应选择气温较高、湿度较小、风沙灰尘较小的晴好天气进行，最好在比较干净的环境下操作。对于使用过的减震器油，不得再使用。减震器油配制好后，需及时使用，不要存放太久，以免氧化变质而影响其使用性能。

如何巧修后减震器漏油

摩托车后减震器一般采用滚压封口来固定油封，通常不易拆开维修。因此，当后减震器漏油时一般只能更换。这对维修者来说固然方便省事，但对使用者来说就要承担较昂贵的配件费用。

对于因油封磨损而漏油的减震器可用以下方法进行修复。该方法简单易行，效果很好。具体操作步骤如下：

1. 在减震器套筒的根部（靠近固定衬套的一端）用直径 2.5—

3mm 的钻头，在台钻上慢慢地钻一小孔。操作时要慢，不能让铁屑落入套筒内，以免磨烂油封。

2. 用 5ml 医用一次性注射器向小孔内注入车用减震油。减震油的用量依减震套筒的大小而定，不可注得太满。对于采用双悬挂的减震器，注油量要相同，以免不平衡而使方向把抖动。

3. 将小孔周边的油迹用干净的布擦去。找一电焊机，采用点焊的方法将小孔封住，要确实封牢。焊时动作要快。为防减震套筒过热而胀坏油封或造成渗油，可用一湿布裹住减震筒。

4. 除去焊渣，检查无误后即可装车使用。

摩托车水温表的检修方法

水温表为电热脉冲式，当复合金属片弯曲，使指针偏斜到最大刻度时为低温处；金属片伸直时，则为高温处。水温传感器是为水温表提供数据的，它主要是由动触点、固定触点和绕有电热线圈的复合金属片组成。固定触点经外壳搭铁，活动触点镶嵌在复合金属片上并接电热线圈的一端，而另一端接在外壳绝缘接线柱上，经导线与水温表连接。

1. 水温表的检验与修理

当水温表出现故障后，很容易造成发动机过热，影响发动机功率，严重时会导致抱缸事故。因此，对于水温表的故障应及时排除。

首先，应对水温表内的电阻进行测量。方法是取一台精度高的电阻表，将指示表及传感器上的电热线圈的电阻串联起来，并查看指针读数。如测得数据比标准值（30～35Ω）低，说明电热线圈内部短路；如电阻表指针不动，说明电热线圈断路或传感器触点线烧蚀，导致接触不良。另外，还可以用毫安表检测水温表指针的偏斜度是否正常。其方法是，用蓄电池（12V）与毫安表、可调电阻器（100Ω）连接，当接通开关“k”以后，再调节可变电阻器，使毫安表的指针分别指在80、160、240mA上，而水温表的指针也应分别指在100℃、80℃、40℃上才为准确。否则视为异常，应进行解体调校。调校时，切忌心急，下手要轻，不能用力过大，以免损坏表内零部件。如果数据偏差不大，可使用小改锥调整扇形齿轮。顺时针转动齿轮，指针读数为下降；逆时针则为读数上升。如果读数误差过大，则要调整指针扇齿来校准偏差度。顺时针转动扇形齿轮时，指针向读数高处偏转；逆时针则为指针向读数低处偏转。调整时要边调边看指针读数，力求一次调校好。

2. 水温传感器的检验与修理

检测水温传感器的工作是否正常较为麻烦，一般是送往专业维修部修理。如果条件成熟也可自行动手修理。这时需制作一台检测装置及一台调校装置。检测时，将传感器浸入水中，接通线路，再接通电炉给水箱加热至40℃，并保持3分钟。察看水温表指针读数是否与温度计读数相同（误差为±10℃）。否则，表明传感器有故障。

当水温表指针的读数比实际数值低时，表明电热线圈断路，此时应拆开重新绕制线圈。选材时，可用ϕ0.12～0.13mm的双层丝质或玻璃纤维绝缘的铜镍合金线。在绕制过程中要注意的是，每绕一圈后用捏线的手指轻轻捻动一下，让导线稍微放松些，然后再继续绕下一圈。这样，绕出的线圈既平滑又不破坏导线的绝缘性能。如果是触点接触不良或烧蚀时，只需进行校正和用金相砂纸进行研磨修理。

当确定是水温传感器内部有故障时，应将传感器的铜壳边在车床上车掉，以便于取出止动垫圈、胶木盖及芯子。在拆卸时，不能用锤子及錾子硬撬，或用钢锯割，以免损坏内部零件。修理好传感器后，将心子装入专用套管中，并接通电源将水箱的水温升至40℃～100℃。然后，用改锥转动调节螺钉，顺时针转动时水温表指针读数降低，逆时针转动则为读数升高。当水温表的读数与温度计的读数相同时，表明传感器已调试好。最后，将心子装进传感器内并将铜壳边缘焊接好，即可装车使用。

摩托车导线连接器的检修要领

由于电子元器件的不断增多，连接导线的数量也呈增大趋势。为保证导线连接的正确性和可靠性，现代的摩托车由过去的子母头转接形式逐渐变成了以导线连接器为主。导线连接器，是一个连有线束的插座。由塑料作外壳，内部有金属片（多数是铜片）作为触点和插销。连接器的特点是安装方便、接线准确。但它和焊接的连接方式不同，这种方式在使用中时常出现接触不良故障。接触不良的结果是导致信号中断，直接影响着摩托车的使用性能。

导线及连接器发生故障，一般是由于导线在使用中折断、连接器接触不良、连接器端子松脱、线束与车身之间产生擦碰挤伤损坏造成的。检查的重点是传感器部分和连接器。检查前，应首先观察在车身上的导线连接器的固定是否牢靠，然后便可按下列步骤进行检查。

1. 检查电线通断

首先逐一拆下各导线连接器，检查连接器端子上有无锈蚀。在蓄电池附近的连接器和电线尤其要注意锈蚀的情况。对锈蚀和脏污的电线和连接器要仔细清理。检查端子片是否松动或损坏，检查端子固定是否牢靠，在轻轻抖动时，端子应无松动现象。如果在哪一个座孔中的插头端子拔出时比其他座孔容易，该座孔可能在使用中会引起接触不良、插不到位的故障。

2. 短路电阻值检查

在测量连接器相应端子间的电阻时，如电阻值不大于1Ω，则说明电线正常，可进行下一步检查。在测量导线电阻时，最好在垂直和水平两个方向轻轻摇动导线以提高测量的准确性。同时注意，对大多数导线连接器来说，万用表表棒应从连接器的后端插入。但是，对于装有防水套的插头连接器来说，表棒就不能从后端插入，因为在插入时稍不小心便会使端子变形。

3. 检查时的注意事项

（1）对连接器的检查，必须在点火开关关闭的状态下进行，否则会因电流自感或短路而烧坏有关电器元件。

（2）在拆下导线连接器时，要仔细观察连接器的连接方式。首先要在松开锁紧弹簧或按下锁扣的情况下才能将连接器拆开，切忌强拉硬拽。装复时，应按相反的方式将连接器插到底并锁上。

（3）某些防水型的导线连接器拆下检测时，应注意小心取下皮套，防止将皮套搞坏，而影响防水效果。在复装时，一定要将防水套装到位。否则，可能因水进入连接器而导致电路故障。

（4）在用万用表检查连接器时，表棒插入时不可对金属端子用力过大，以防其变形而引起接触不良。

凸轮轴异响的排除

国产125ml坐式摩托车大多配置GY6型汽油发动机。其配气机构为顶置式凸轮轴，凸轮轴的左右端各有一只滚珠轴承，左端同时还装有正时传动链轮，链条带动凸轮轴转动，因此左轴承承受的负荷比右轴承大，较易发生故障产生异响。

异响在初期很难被发现。使用主支架驻车，把车座及储物箱拆下，启动发动机并维持怠速运转，在发动机的上方仔细辨听，从平稳的运转声中可以捕捉到一种好像用手指敲击硬木板的“嗒、嗒”声，响声无规律、不连响。这时的异响不影响使用，很容易在常规检查中漏掉。

随着摩托车行驶里程的增加，凸轮轴轴承磨损程度加重，到中期，异响将十分明显，当发动机怠速运转时，从发动机右侧可以清楚地听到“哗啦、哗啦”的响声，响声连续，声音不大，很容易被误认为是消声器共振产生的噪音。故障一旦确认，只要条件许可，就应该更换凸轮轴。

故障发展到晚期，发动机怠速运转中异响很大，“哗啦、哗啦”的响声夹着杂乱的敲击声。当发动机提速时就像快散架一样，这时如不及时更换凸轮轴，就会导致其轴承破碎，使正时传动链条松弛、跳牙、顶坏气门、活塞等恶性故障。

凸轮轴的更换。拆下气门室罩的4颗紧固螺钉，取下气门室罩，用套筒扳手拆下摇臂支架的4颗紧固螺母，取下摇臂支架，再取下凸轮轴，此时应拧下正时传动链条自动张紧器的密封螺钉，用一小螺丝刀插入张紧器，扭动调整螺栓，把正时传动链条放松并固定，便于凸轮轴的拆装。

转动磁电机转子，与压缩上止点“T”标记对齐，用手拉起正时传动链条，装入凸轮轴，注意正时链条上的水平刻线应与汽缸盖平行，链轮上的大圆孔朝前与汽缸盖中心垂线重合。装回摇臂支架，按规定扭距拧紧4颗紧固螺钉后拿掉小螺丝刀，使自动紧张紧条，将正时传动链条张紧。继续转动磁电机转子，当气门开启后又关闭时，对齐压缩上止点“T”标记（注意不可倒转，以防减压机构动作，影响排气门的调整的准确性）。检查进、排气门间隙，如果偏差则按技术规定调整。装复各拆卸零部件即可。

摩托车异常响声的诊断

摩托车运转时，常会产生各种响声。工作正常的摩托车，允许其有一定的程度的响声。但当某机构发生故障时，引起不正常响声时，若不及时检修，就容易加速机件的磨损或损坏，缩短摩托车的使用寿命。现将通常易发生的几种异响分述如下。

1. 活塞敲缸声

活塞与气缸间隙过大，发动机工作时，会产生一种较大尖锐的敲击声，突然加速或减速时，发生“嗒嗒”声。这种响声在发动机冷车及加速时最为明显，发动机运转温度升高响声会有所降低。

检查方法如下：

(1) 未启动发动机前，连续踏动启动杆，一般听不到敲击声。但当启动后，突然加速，便发生“嗒嗒”声，即为敲缸声。

(2) 拆下火花塞，往气缸内注入约 1/20 升机油，踏动启动杆数次，再启动发动机，如响声减轻或消除，则是活塞与缸壁间隙过大机油暂时填满所致。但几分钟后，机油受热变稀漏去，响声仍会出现。

(3) 用一把长改锥（或一金属杆件），一端接触气缸的上部，另一端紧贴耳朵测听，会听到“嗒嗒”的敲击声。有时由于修理时将连杆小头套与活塞销装配较紧也会发生敲缸声，但这种响声较沉闷，且一般是修车后启动时才发生。

2. 活塞销的敲击声

活塞销与连杆小头套或活塞销与活塞销孔配合间隙过大，活塞上下运动时引起径向敲击，产生较清脆的“嗒嗒”声。这种响声一般在高速运转和突然加速时较为明显。将点火时间推迟，响声会稍减轻。

检查方法：不启动发动机，连续踏动启动杆，会听到气缸内发出一种“咯嗒、咯嗒”的声音。启动发动机后，使发动机怠速运转，将改锥接触气缸中上部，用耳朵侧听，有明显的“嗒嗒”声。

3. 爆燃引起的敲击声

发动机突然加速或摩托车上坡时，气缸内部发出连续尖锐的“嗒嗒”声，即为爆燃引起的敲击声。

爆燃引起的敲击声同活塞销与连杆小头衬套配合间隙过大所发出的响声相似。但爆燃引起的敲击声在怠速时不会发生，未启动前踏动启动杆听不到响声；启动后，活塞销发出的响声连续而杂乱，而爆燃引起的敲击声在加大负荷和上坡时最为明显，且响声较清脆。

产生爆燃的原因有：

（1）使用了低辛烷值的汽油；

（2）点火时间过早；

（3）发动机过热；

（4）燃烧室内积炭过多；

（5）火花塞热值低。

4. 漏气声

气缸与气缸盖、气缸与曲轴箱体或左右曲轴箱体间，若紧固螺栓松动或垫片损坏，便会产生一种“唧唧”的漏气声。启动后，匀速运转时响声不易听清，停车检查时，可从漏气处发现有明显的油迹。此现象若不严重时只需将紧固螺栓拧紧即可，严重时则应更换垫片。

5. 气门的敲击声

若由于调整不当或零件磨损而使气门间隙变大，气门机构就会发会短促而尖锐的敲击声。这种敲击不随转速的变化而变化。可通过调整气门间隙或更换磨损零件的方法消除。

6. 活塞环杂声

若活塞环折断、活塞环弹性不足、活塞环抱死或活塞环切口间隙、侧隙、背隙过大，发动机运转时，爆发气体就会急速下窜，冲进曲轴箱面发出漏气敲击声。用改锥接触火花塞，侧耳细听，有清晰的“砰、砰”声。

7. 连杆大头轴承的响声

连杆大头轴承与轴承孔过度磨损或装配时间隙过大，曲轴旋转时就会产生径向撞击而发出较沉重的“哒咚”声。怠速运转时响声明显，中高速运转时响声杂乱且不易辨别。

检查时，先不启动发动机，连续踏动启动杆，会听到“咯哒、咯哒”的声音；启动后，怠速运转时，用改锥接触汽缸的下端，用耳朵测听，有明显的“哒哒”声。

8. 化油器节气门敲击声

节气门在混合室体内不断地上下运动，因过度磨损导致间隙过大，在发动机进气行程时由于气流的冲击，节气门产生径向摆动而撞击混合室体，便会发出一种“咯咯咯”的响声。此响声在怠速运转时几乎听不到，油门拧到 1/4 开度时响声最大，再加大油门时，响声逐渐减小，当油门拧到底时，响声消失。

检查时，可用改锥放在化油器上测听，在油门加至 1/4 开度时，有明显的敲击声。也可将空气滤清器拆下，用手指抵住节气门，敲击声消失，放松手指敲击声又起，则可断定为节气门敲击声。

9. 化油器回火声

回火声发生在两种情况下，一种是启动时，从空气滤清器中发出“啪啪”声，并冒出一股白烟，且发动机难以启动；另一种是发动机工作时突然从空气滤清器中发出“啪啪”的响声。

启动时化油器回火的原因有：混合气过稀、点火时间过早、火花塞火花弱、断电器触点间隙不对、油中有水、油路堵塞、四冲程发动机进气门烧坏，进气门与挺杆无间隙。

发动机工作时化油器突然回火，其原因可能是：

(1) 发动机负荷太重，没有及时减挡；

(2) 电容器损坏或接触不良；

(3) 油路堵塞使混合气过稀；

(4) 四冲程发动机进气门突然咬死等。

10. 排气管放炮声

排气管放炮声也发生在两种情况下，一种是由于发动机工作不良，使可燃混合气在排气管内燃烧爆炸而发出“啪啪”声，响声清脆、响亮，同时冒火星或浓烟；另一种是由于消声器本身破裂，使一部分高压废气直接排入大气而发出“啪啪”声，其响声较弱、杂乱且不间断。

前一种情况下，排气管放炮的原因是：

(1) 混合气过浓；(2) 点火时间过迟；(3) 汽油变质或有水分；(4) 电容器损坏；(5) 四冲程发动机排气门咬死或气门无间隙。

由于消声器破裂而产生放炮声，一般只能重新焊接。若是消声器尾部开口太大，也可用钳子将开口夹拢少许。

怎样巧改摩托车消声器

二冲程摩托车消声器，在使用一段时间后，大多数车的排气口流出一些糊状物质，且筒内常存有大量积水，冬季尤其甚。这样既影响了排气消声器效果，时间长了，不能排出的冷凝水，在高温作用下，很快使筒壁生锈，并形成恶性循环，大大缩短排气消声器使用寿命。为此，在消声器容易积水的中部，依前后隔音板外（筒外有点焊痕迹），钻两个直径6毫米的孔，并锡焊上两个铜弯管，弯外口向后。这样筒内积水可以通过弯管排尽，并随气流消散，不会污染消声器外壳。同时还能提高发动机排气效果。五羊、嘉陵、佛斯弟等车型的排气消声器底部，在最低位置都有一直径约3毫米的小孔。此孔的作用与前述的铜弯管一样，是为排除内部冷凝水，防止消声器锈蚀而设计的。但在使用中，此孔很容易被泥土和内部污物堵塞，因此，为了防止堵塞，要勤检查、勤擦洗、勤清理消声器。有时遇有堵塞，可稍加大油门，将污物喷出。

靠摩托车排气颜色鉴别故障

1. 排气管冒蓝烟

两冲车排气冒蓝烟属于正常现象，因为机油要参与燃烧，所以会产生很淡的蓝烟（不明显）。如果蓝烟很重，应检查空滤器的滤芯的清洁情况，严重脏污的滤芯导致发动机混合气过浓，机油量过大，不能充分完全燃烧而造成冒蓝烟。烧混合油的车（幸福250），如果比例不当（机油比例过大）也会大量冒蓝烟。还要注意，两冲车一点蓝烟不冒是不正常的，必须检查机油泵和机油箱的油量，防止润滑不好，产生拉缸、烧轴承等严重故障。

四冲车冒蓝烟，说明机油窜入燃烧室参与燃烧了，一般是由以下原因造成的：（1）气缸体、活塞和活塞环过度磨损（国产车1～2万公里以后一般都因此有烧机油的现象）；（2）气门导管和气门杆间隙过大、气门导管油封质量低劣，使机油进入燃烧室燃烧；（3）曲轴箱内的机油油面过高（应按标准量加注机油）。

2. 排气管冒黑烟

排气管冒黑烟是因为可燃混合气过浓，不能完全充分的燃烧造成的。产生原因可从以下方面查找：（1）空滤器阻塞严重，可清洗更换滤芯。(2) 化油器故障或调整不当，应请有经验的维修人员检查主量孔、针阀、浮子室油面高度等方面。

3. 排气管冒白烟（水雾）

往往发生在当气温较低时，冷车启动后，尾气会呈现白色。这是因为汽油燃烧产生的尾气中有水蒸气，遇到较冷的空气就凝结成白色水雾了。夏天气候炎热，水蒸气不会凝结；高速行驶或发动机较热后，排气温度高，水蒸气也不会凝结，因此白烟也不会产生了。

摩托车排气冒蓝烟故障排除

故障现象：排气冒蓝烟

一辆某品牌 125 跨式摩托车行驶 6 万余公里后，出现了排气冒蓝烟现象。维修工将车上的活塞、活塞环和气门导管油封全部更换，冷车时排气蓝烟稍好一点，但热车后故障依旧。

故障诊断与排除：

复查故障，在冷车时启动发动机，稍作暖车后上路骑行约 5 公里，排气消音器冒出较浓的蓝烟。停车检查曲轴箱油位，旋出油标尺用不起毛的绸布拭净其头部，再插入曲轴箱内后取出，观察油位确实在油标尺的上下限之间，粘在手上感觉油的粘度也比较正常。询问维修工更换活塞、活塞环、气门导管油封等零件时有无其它异常现象时得知，取出汽缸体时发现二道活塞环开口都在同一个方向，且活塞顶上都有明显的油迹。为证实故障再度卸下汽缸体，观察活塞环开口在活塞组件上的位置，结果还如维修工所讲，活塞环开口又窜到同一个方向，且该活塞上的组合油环弹性稍差。根据机械原理分析，活塞环是发动机中惟一作三个方向运动的零件（二冲程发动机除外），若汽缸筒因各种因素的影响产生不正常的磨损，汽缸的圆度会发生不同程度的变化，当汽缸内径磨损成椭圆形状时，活塞环在作周向方向运动时，受活塞环开口弹力的影响，其环的开口外伸至汽缸椭圆的最小直径处被阻，二道气环和油环片环先后重叠到同一个方向便不再转动了。再加上油环组件弹力下降，使窜油故障更加明显。为此，更换新的汽缸体总承，复装所拆零件后启动发动机，稍作暖车上路行驶10公里，未见排气冒蓝烟现象，即原故障排除。

加大油门排气管冒黑烟故障分析

故障现象：一辆YAMAHA FZR250RR（大板骨）出现加大油门（发动机转速5000r/min以上）时，排气管冒黑烟。在通过调整各缸化油器油面及主油针高度后无效，又通过调整各缸化油器油面及主油针高度，仍然无效，于是调整混合气调整螺钉，结果仍然无效果。

为了排除故障，如果将油面调整过低，车辆又会出现启动困难、怠速不稳的现象。

故障分析与排除：

出现以上现象有三种可能性：（1）缸体水套微微漏水，使燃烧不充分；（2）机油油面过高；（3）化油器控制的混合气过浓。首先检查机油箱内的机油油面正常，而且也没有变成乳白色；再检查水箱内的水面，也没有降低，说明机油量正常，且无漏水现象。那么重点再检查化油器，而化油器油面已经调整无效。分析此种情况，怠速正常而加大油门冒黑烟，也就是说，加大油门时混合气过浓。根据化油器在不同转速状态下，给发动机提供的可燃混合气比例不同，在不改变怠速混合比例的条件下来改变中高速的混合比。分解四个化油器，取下了四个主油针内所垫的橡胶垫片，使主油针的位置下落，也可采用改变主量孔的直径，使主量孔的直径变小，从而改变加大油门时中高速的混合气的比例，调整之后装车试验，启动路试，怠速中高速正常，故障解除。

离合器故障的排除方法

离合器是摩托车的关键部件，由于高频率的使用，离合器容易出现分离不彻底和拉线断裂等故障。下面，针对以上两种常见故障，介绍一些有效的修复办法。

离合器分离不彻底的时候，在换挡时齿轮会发出明显的碰撞声，往往反复操作才能入挡。也有行驶中换挡容易，停车后再启动时挂挡困难的现象。

通过调整离合器的自由行程，可以解决离合器分离不彻底的问题。首先是把车子架起来，调整离合器的自由行程，启动发动机后挂挡，然后握离合器握把，制动时发动机不熄火即可。

对于湿式离合器分离不彻底的现象，还应该考虑到是否由于机油粘度过大引起的，如果是，就要更换机油。

还有，当发动机怠速过高时，也会发生换挡困难，可以将怠速调低加以解决。

离合器拉线断裂一般发生在拉线头两端的结合处。若没有新拉线可换，可以先把离合器握把卸下来，把拉线头抽长，用一个小螺母套在拉线头上，将螺母敲扁，使其紧紧地锁在拉线头部，这样重新装上就可以使用了。也可以将拉线头分成两份，用钳子把两份的头拧紧，再用细铁丝在拉线头部绕几圈拧紧挂在握把钓钩上，也可以继续使用。若使用上述两种方法时，拉线过短，离合器始终处于分离状态，那只好在拉线的断头处接一根粗点的铁丝，用手拉离合器拉线控制离合器的作用。若这种方法也不行，在行驶中可根据车速，不用离合器换挡。但车速不宜太快，遇到情况提前减速，保证行车安全。

曲轴油道堵塞的检查及疏通

想必许多维修人员都遇到过这样的现象：检查机油滤网不堵塞，检查配气机构润滑良好，且不烧（或轻微烧点儿）机油，只是发动机过热，活塞环磨损快，甚至粘缸。遇到这种情况，就应该怀疑曲轴机油道堵塞。曲轴油道堵塞的原因，主要是一些行驶年数多的老旧摩托车，由于烧机油没有及时更换活塞环，油面低时，只是添加价格便宜、质量低劣的甚至带有许多杂质的废机油造成的。

检查曲轴油道是否堵塞，最方便的方法是“灌汽油”法：放出机油，拆开转子滤清器盖（有的使用滤芯，没有该装置），用一根长些的汽油管，一端接在油箱开关上，另一端堵在曲轴右端的油道口上，打开油箱开关，若发现没有汽油从曲轴箱内流出，即可证明曲轴油道堵塞了。

本文介绍一种不分解曲轴的油道疏通法。找一根旧离合线芯，截取约 20cm 长的一段，一端夹在手电钻夹头上，另一端插入曲轴油道内旋攻，并向曲轴油道内喷汽油清洗淤泥。待旋攻到一定深度，由于油道 CD 与 DE 几乎垂直，因此线芯无法伸到 E 点，只能靠汽油浸渍渗透。在汽油管的出油端再接一段细些的油管，塞入 A 端油孔内，类似 JH70 型发动机还要用软塑料薄膜塞住 AB 段的润滑离合套的油孔。去掉火花塞，用手反复转动磁电机转子。这样做有两个作用：（1）振荡以加速淤泥的渗透；（1）防止连杆大头滚针轴承的滚珠堵住油孔。淤泥在汽油的压力下，不需多长时间就会从滚珠间流出，油道疏通。

喇叭开关接触不良的维修

摩托车上的喇叭不响，不仅给骑手带来不便，而且对行车安全也是一种隐患。每当遇到此种情况，我们往往大都误认为是喇叭自身出现了问题。其实喇叭不响的原因常出现在喇叭开关上，这是因为喇叭开关内的塔形弹簧大都是钢簧，由于车辆在使用中长期的风吹雨淋和经常洗车时进水，致使弹簧表面产生锈蚀和氧化，因而影响电流的正常导通，造成喇叭不响的故障。

解决的方法通常是：

1. 对弹簧经常进行打磨，去除氧化层和锈蚀，装复后就可以使用，但效果不长久。

2. 把以前的钢簧换成一个合适的铜簧，以利于电路正常导通，但这种合适的铜簧一般很难找到。针对这种情况，笔者利用普通的电炉丝制作了一个塔形簧，使用后效果很好。因为电炉丝不生锈，虽然电阻大点，由于在使用喇叭开关时，塔形弹簧被压缩，重叠后的接触面积增大，电阻减小，所以并不影响喇叭的音量。

根治电喇叭不响一法

摩托车电喇叭不响故障现象，一般是由于以下四个原因引起的：（1）线圈烧毁；（2）触点严重烧蚀；（3）触点不闭合；（4）电路断路。而（2）、（3）两项与电喇叭按钮触点有关，可见这是常发生故障的部位。电喇叭不响增加油耗，同时也给行车带来了不安全因素。笔者在遇到这种烦心事后，另辟蹊径采取如下简单方法，从根本上排除了按钮触点容易烧蚀或不闭合引起的电喇叭不响故障。

首先，找一个内圈能套入电喇叭按钮外部圆柱内的平垫圈，裁剪一个与平垫圈（外圈）相同的内胎胶垫和一根 600mm 长的胶质线。把胶质线两头绝缘层剥掉，一头用电烙铁焊在平垫圈上，和按钮对齐，沿车把理顺；另一头接在电喇叭的一个接线上，接替原电喇叭按钮负极搭铁引线的角色。

把电喇叭按钮周围的漆稍微刮一下，当静触点用。按钮圆柱外端和胶垫磨毛，平垫圈（动触点）套在按钮圆柱上，用万能胶水把按钮圆柱、平垫圈和胶垫粘合在一起，使三者触点外露。用这种廉价的方法能从根本上解决按钮触点易烧蚀或不闭合引起的电喇叭不响故障，是值得的。

至于有的摩托车电喇叭按钮外部不是圆柱形的，如长方形的，也可参照此法触类旁通，予以解决。

防止摩托车拉线断线的方法

摩托车的行驶全靠钢索拉线来操纵，离合、油门、阻风门以及前刹等都离不开线。因此对线的保养至关重要。下面就是防止拉线断线的最简单的三个招法：

1. 经常给拉线打油

摩托车因日晒雨淋拉线容易生锈、老化，尘土雨水的侵袭易使线拉动不灵活甚至折断。因此常给线打油是车辆保养的重要项目。这办法很简单，晚上收车后把需要打油的线朝上的一端从车头拆下，在线头的外皮用透明胶带缠绕成一个小漏斗，然后往漏斗里滴几滴机油，注意漏斗一定要垂直向上；第二天早上你会发现漏斗里的机油没有了，而线的下端已有机油渗出，这表明机油已渗入线的内部。这种保养每月只需一次，它可免除你半道因断线抛锚的苦恼。

2. 及时更换有毛病的线

有的摩友明明发现自己车上的某根拉线断了一股但还照常使

用，殊不知这会留下隐患，万一在途中线全断了呢，受累的还是你。离合线断了不能走，油门线断了加不上油，特别是油门线若在中部断了一股会致油门卡住不能回位造成“飞车”。所以平日要勤检查车上的各种拉线，发现问题马上换掉，以免因小失大。

3. 伪劣产品不能用

拉线要买正牌货，不要贪便宜买伪劣产品，记住“一分钱一分货”、“好货不便宜，便宜无好货”这些古训。

其实以上不是什么招法，只不过是一点即通的“土经验”，骑手们不妨试试，给你的爱骑再增加一份爱。

检查车轮滚珠轴承的窍门

将摩托车主停车架支好，用一只手的食指和拇指捏住车轮的轴端，另一只手快速转动车轮。如果车轮轴承已有损伤，旋转时就不圆滑，会通过轴端传递到手指，手指会有一种“咯楞、咯楞”的震动感觉，感觉越明显说明轴承的损坏程度越严重。

如果车轮轴无损伤，车就会平稳转动，手指就无异常感觉。

保 健 篇

哪些人不宜骑摩托车

作为现代化的交通工具，摩托车确实有很多优点。但是，你知道吗？不是每个人都可以骑摩托车的。属于下列类型的人，就不能骑摩托车，否则会车毁人亡。

1. 视听器官有问题的人。如色盲、高度近视、聋哑人等。尤其是红绿色色盲的人，连交通灯都辨不清，很容易发生交通事故；高度近视的人，观物模糊，看不清前方的人、车辆和障碍物，也很容易发生危险；聋哑人就更不宜骑了。

2. 有心血管疾病的人。如严重高血压、心脏病等。严重的高血压病人经常头晕脑胀，眼花缭乱，尤其是有短暂脑缺血发作的人，当骑上飞快的摩托车时，经受不了车身的颠簸，很容易发生晕厥，弄得人仰车翻。

3. 神经精神病患者。如癫痫、精神分裂症、严重的神经衰弱等。这类人随时可能引起精神病发作或者对各种信息和标志缺乏理智的分析和辨认，容易发生意外。

4. 有头晕病患者。如颈椎综合症、美尼尔氏病、严重脑贫血等。这类病人经常昏头昏脑，视物旋转，平衡功能差，也是骑摩托车的忌禁症。

5. 其他，如有疝气、慢性前列腺炎的人、孕妇等。这些人骑摩托车时很容易使原有的病情加重，孕妇也容易发生流产。

谨防患“摩托车综合症”

摩托车是现代化的交通工具。现代生活中买摩托车的人日渐增多。但长期骑摩托车的人要防患“摩托车综合征”。

生活中，大部分骑摩托车者都是青壮年，喜好高速行驶。由于高速行驶的颠簸和全身肌肉紧张，长期骑摩托车的人手臂容易产生疲劳、酸胀疼痛的感觉，甚至出现肌肉痉挛、握力下降等症状。另外，高速行驶，遇到障碍时往往急刹车，由于惯性作用，会使头部向前或向后突然扭曲，轻者出现颈肌劳损，重者一次可扭伤脖子或损伤颈椎。摩托车行驶的速度越快，驾驶者的精神就越紧张。这会造成大脑皮质兴奋性增高，肾上腺皮质醇浓度增加，促使心跳加快。长时间的高速行车，可使心肌疲劳而影响心血管功能。

英国有一位研究人体工程学的专家宣称，快速行驶在平滑路上的震动频率和人体椎骨发生共振，这种共振会大大损害脊椎骨，从而引起腰酸背痛和麻木。

骑车时，人的上身前倾，重心前移，不仅使手掌血管与神经长久受压，而且体重通过座垫反作用于会阴处，压迫尿道上段、前列腺部位，有些人因此可能会出现尿频、膀胱排空能力差、尿后余沥等现象。长期骑摩托车而不注意体育活动的人，还会造成腿部肌肉力量减弱。

驾驶摩托车者要正确配戴头盔以保证安全。然而，如果头盔使用不当，久之容易使颈椎承受的压力失去平衡，产生慢性劳损和骨刺。出现颈肩部或颈背部酸痛不适。重者可出现头昏、眼花、恶心、呕吐等症状，即所谓的“头盔综合征”，医学上称其为颈椎病。

专家们指出，颈椎具有支撑头部重量及维持头颅部平衡和活动的功能。颈椎还是人体脊椎骨活动范围最大，同时也是最为薄弱的部位。重达 1 公斤左右头盔的重压，加上摩托车的速度变化和震动，都会加重颈部的负担，增加颈椎的劳损，因而引起颈椎病的形成。此外，由于摩托车驾驶员戴头盔行驶期间，驾驶员呼出的二氧化碳聚集在头盔的塑料脸板下面，时间一长也会使人出现头晕、心悸、胸闷等症状。

为了减少和避免发生“摩托车综合征”，摩托车驾驶人员应注意以下几点。

1. 驾驶者最好戴上手套、垫上车垫，以减少震动刺激与震动传导造成的危害。

2. 行车时速度不要过快，不要频繁地改变车速，不要猛开猛停，注意提前减速，减少急刹车，以减少对头颈部的冲击力。

3. 避免在过于颠簸的路面上行驶，遇到过于颠簸的道路，最好推车步行。

4. 购买头盔时要注意尺寸是否合适。一般来说，以不压紧两边耳朵为宜。然后检查栓扣系统是否牢固方便；头盔要有通风性能，遮护板以不易粘水气者为好。如果还要戴太阳镜，就应戴上眼镜再戴头盔，以不妨碍眼镜的佩戴为宜。使用头盔时要使头盔与头部很好结合。

5. 行驶途中双肩要放松，头部端正，身体保持平衡并稍向前倾。从而缓解颈部所承受的压力。下车后应及时摘下头盔，使头颈部肌肉放松，并做些颈部及全身活动，改善局部的血液循环，松弛肌肉等软组织，以减轻疲劳，促使头颈部恢复正常功能。

戴头盔不得法当心颈椎病

骑摩托车的人员要佩戴头盔，以便在发生交通意外时，能够保护头部，减少伤害。但是，若戴用头盔不得法，则很可能引起一种常见的颈部疾病—颈椎关节病。这应引起骑乘者的注意。

1. 戴头盔后加重颈椎负担

人的颈椎是由7块颈椎骨构成的，它具有支撑头部重量，保持头部平衡的功能，是人体脊椎骨中活动范围最大但又最薄弱的部位。如果头部负荷过重，颈部反复活动或姿势不正，则可使颈椎稳定性降低，致使颈椎骨膜受到牵扯与刺激，很容易引起颈椎骨质增生。

国外有研究报道，人在20岁后颈椎就可以出现骨质增生，50岁以后，60%的人颈椎有骨质增生存在。此外，颈部的各种急、慢性损伤，不仅促使骨质增生，而且也容易诱发颈椎间盘蜕变、破裂及椎间隙狭窄等改变。这些改变都可能造成颈椎周围的神经、血管和骨髓受压，从而产生颈椎病症状。

为什么摩托车驾驶人员比一般人更容易发生颈椎病呢？这是因为他们戴的头盔一般重约1公斤左右，戴上后无疑增加了头部的重量，加重了颈椎的负担。如果戴用头盔不得法，就会引起颈部肌群的疲劳，进而导致颈椎骨质增生。颈椎病变的常见症状有颈肩部疼痛、上肢和手指麻木、头晕、头痛、肩臂肌肉萎缩，严重者甚至出现走路不稳等现象。

2. 停车后要及时摘下头盔

经常骑摩托车的人从一开始就应养成良好的习惯，注意预防颈椎病的发生。首先，戴头盔要正规，要戴正头盔，放下面罩，系紧带子，使头盔和整个头部稳固结合，减少晃动，不能图省事，随便往头上一扣了事。松动的头盔不仅会增加颈部负担，还起不到安全保护作用。

其次，停车后要及时摘下头盔，并适当做些颈部活动和自我按摩，这些对防止颈椎病均有一定作用。

当心“头盔综合症”

众所周知，驾驶与乘坐摩托车均应佩戴头盔以保证人身安全。但是头盔选用不当或使用不合理，久而久之易使颈椎承受的压力失去平衡，产生慢性劳损与骨刺，出现颈肩背部酸僵、酸痛不适，重则可发生头昏、眼花、恶心呕吐等症状。由于它常发生在戴头盔的摩托“骑士”中，有些医生将之称为“头盔综合症”。

为什么会发生“头盔综合征”？这与颈椎是脊椎骨中活动范围最大，同时也是最为薄弱的部位有关。头盔本身（重1公斤左右）和头颅对颈椎的压力已不小，再加上摩托车的速度变化和震动，更会加重颈部的负担，从而造成颈椎的劳损。

“头盔综合症”是可以预防的。（1）头盔应选购经国家有关部门检测合格的正规产品，要有厂址与产品合格证。切忌购买过重、过大的头盔。（2）头盔的尺寸以不压紧两耳为宜，并应检查栓扣系统是否牢固，即头盔要放正，系带要绑紧，不要让它有晃动的余地。因为松动的头盔对头部的反复冲击会加重颈椎负荷。（3）驾驶摩托车时不宜频繁地变换车速，不能猛开猛停，并要避免在过于颠簸的路面上行驶。在驾车行驶途中，要双肩放松，头部端正，身体保持平衡并稍向前倾，以缓解颈部所承受的压力。（4）下车后应及时取下头盔，使头部肌肉放松；同时经常按摩颈部，以改善局部的血液循环，松弛肌肉软组织，减轻疲劳程度，促使其功能恢复正常。

戴头盔是为了安全，正确地使用头盔则是为了健康和保护颈椎，两者的有机结合，才是头盔设计的本来目的与良好愿望。

骑车族的皮肤护理

喧闹的城市烟尘弥漫，骑车飞驰而过的你，粗糙了皮肤，黯淡了妆容，快加入护肤行动吧。

1. 脸部护理

白天的滋润选择。 不管你是哪种类型的皮肤，经常迎着风顶着太阳都会使你的脸部皮肤干枯憔悴，失去光彩。所以你有必要选用蕴涵丰富水性滋润成分和维生素 A、E 等营养的无油护理日霜，它能在肌肤表面形成一层保护膜，有效地为肌肤补充水分，促进肌肤新陈代谢，防止皮肤老化，加强和保护皮肤不受环境中有害自由离子的伤害。

晚间的彻底清洁。 回到家的第一件事应该是洗脸，让你的肌肤从化妆品、尘埃和皮脂分泌物中尽快解脱出来。清洁面部时，水温要适中，过热的水温会引起血管扩张，导致毛孔扩大，肌肤松弛无力，并容易出现皱纹，而理想的水温应该与面部皮肤温度大体相当。若属于油性皮肤，水温不妨稍高些，在 35℃～38℃之间。

2. 眼部护理

保护眼睛的第一道防线当然是眼镜，包括太阳镜和防风镜。不同的是，骑车族最好选择包裹范围大一点的眼镜，这样可使整个眼部免受阳光和风沙的洗礼。另外，眼镜的颜色不要太深，以免挡住视线，影响安全。还可使用防水睫毛膏，防止你的睫毛干涩。

眼部皮肤是人体最薄弱的部分。不管你的皮肤如何滋润，眼周围的肌肤仍会干燥，因为这个部位皮脂腺和汗腺最少，最易生皱纹，且一旦形成皱纹就难以被去除，人则显得苍老。这里更是发炎红肿的危险区。晚上回到家应抹上一点让眼皮松弛、有深层滋润和细胞再生功能的眼部滋养膏，然后用指轻轻按摩。

最后提请注意的是：只要可能，最好使用全盔，穿长袖长裤并戴手套，将风沙挡在体外。

骑摩托车时间不可过长

摩托车引发的交通安全问题，已经越来越被人们注意。但您是否知道，长时间骑摩托车还会带来一些健康问题。

常骑摩托车者容易患膝关节炎、眼结膜炎、腰背痛、颈肌劳损，甚至可损伤颈椎。

驾驶者若不注意膝关节的保护，任凭其被“风吹雨打”，时间一长就会使膝关节劳损而引发关节炎。摩托车在飞速行驶时，驾驶者若不戴头盔，扬起的沙尘和灰粒入眼，就会引起眼结膜发炎。摩托车的车座是固定的，不能随意调整，骑车者身后无靠背和依托，长时间骑车容易造成腰酸和腰麻。年轻人喜欢开快车，遇到阻碍就来个急刹车，车的惯性可使人的头部向前或扭转，轻者可发生颈肌劳损、扭伤脖子，重者可造成颈椎损伤。

因此，骑摩托车者，不但要注意行车安全，还要掌握正确的驾驶方法。一旦出现疾病症状，应尽早治疗，不可任其发展。驾驶者和乘车者都要戴头盔，车上最好安装防护挡板，冬季驾车要戴长手套、穿皮裤或护膝。